RÉPUBLIQUE FRANÇAISE

GOUVERNEMENT GÉNÉRAL DE L'ALGÉRIE

DÉLÉGATIONS FINANCIÈRES

(SESSION DE MARS 1907)

COMMISSION DE L'EMPRUNT

PROCÈS-VERBAUX

RAPPORT GÉNÉRAL

RAPPORTS PARTICULIERS

ALGER

IMPRIMERIE ADMINISTRATIVE VICTOR HEINTZ

1907

RÉPUBLIQUE FRANÇAISE

GOUVERNEMENT GÉNÉRAL DE L'ALGÉRIE

DÉLÉGATIONS FINANCIÈRES

(SESSION DE MARS 1907)

COMMISSION DE L'EMPRUNT

PROCÈS-VERBAUX

RAPPORT GÉNÉRAL

RAPPORTS PARTICULIERS

ALGER

IMPRIMERIE ADMINISTRATIVE VICTOR HEINTZ

1907

EMPRUNT

TABLE DES MATIÈRES

TABLEAU D'ENSEMBLE

des modifications apportées par la commission au programme dressé par l'administration

---

1° Additions

Chemins de fer :

Djelfa-Laghouat	7.000.000
Tlemcen-Beni-Saf. . . .	8.504.000
Aïn-Beïda-Tebessa-Meskiana-Morsott.	7.800.000
	23.304.000

Pavages :

Totalité de la dépense du pavage de la route nationale n° 7, dans la traverse de Bel-Abbès (188,000 francs au lieu de 94,000 francs) soit en plus	94.000
Pavage de la route n° 7, dans la traverse de Mascara.	100.000
Pavage de la route n° 7, dans la traverse de Tlemcen.	37.000
Pavage entre Oran et la Sénia.	200.000
Pavage de la route n° 5, entre Maison-Carrée et Rouïba (augmenter de 200,000 francs).	200.000
Pavage de la route n° 5, dans la traverse de Sétif. .	108.000
Pavage de la route n° 3,	

dans la traverse de Constantine.	66.000
Pavage de la route n° 3, dans la traverse de Batna (porter de 100,000 à 130,000) en plus	30.000
	835.000

Routes :

Affectation au chemin de grande communication n° 11 de Sétif à Mac-Mahon, des 550,000 francs prévus pour le chemin d'intérêt commun n° 54 de St-Arnaud à Fedj-M'Zala.	(mémoire)
Chemin d'Oued-Athménia à Rouffach.	310.000
Chemin de Bône à Herbillon.	300.000
Chemin de Philippeville au Filfila (affecter 500,000 francs dont 150,000 francs à prélever en réduction des crédits prévus pour l'hydraulique agricole dans la région de Philippeville)	500.000
Chemin de Batna à Biskra.	440.000
Chemin de Tamentout à Fedj-M'Zala	480.000
Chemin d'Aïn-Yagout à Chemora	20.000
Chemin de Constantine à Djidjelli	200.000
Voies d'accès au port de Bône	»
Pont sur l'oued Kebir dans	

la commune mixte des Beni-Salah.	40.000
Chemin Frenda à El-Ousseuk.	350.000
Chemin des Lauriers Roses à Aïn-Guendoul. . .	50.000
Chemin de Bedeau à Bossuet.	270.000
Chemin de Chanzy à Mercier-Lacombe.	533.000
Chemin de Frenda à Martimprey-Djilali-ben-Amar .	100.000
Chemin de Thiersville à Aïn-Sultan.	420.000
Chemin d'Aïn-Fekan à Ouïzert	100.000
Chemin du boulevard Bon-Accueil à El-Biar. . .	300.000
Chemin d'Azazga à Akbou.	350.000
Chemin de Dra-el-Mizan à Michelet.	200.000
Chemin de Bou-Medfa à Médéa.	200.000
Chemin de Courbet à Dellys.	200.000
Chemin de Dellys à Port-Gueydon	300.000
Chemin d'Aumale à Bouïra	160.000
Chemin de Masséna à la limite du département d'Oran	150.000
Pont sur l'oued Djer. . .	25.000
	5.998.000
Travaux maritimes.	Néant

Travaux hydrauliques :

— Porter de 205,000 à 250,000 francs la dépense des travaux de dessèchement de Boufarik	45.000
— Porter de 75,000 à 90,000 francs la dépense des travaux de protection de Boufarik.	15.000
— Porter de 800,000 à 900,000 francs la part de la colonie dans les travaux de dessèchement du lac Halloula.	100.000
— Porter de 150,000 à 300,000 francs la dépense prévue pour les travaux de protection de Batna. . . .	150.000
— Porter de 180,000 à 25,000 francs la dépense des travaux de dessèchement de Bône	70.0000
— Assainissement de la plaine	30.000
— Barrage des Attafs .	300.000
	710.000

Colonisation :

Porter de 3 à 6 millions la dépense prévue pour l'amélioration des anciens centres	3.000.000

Forêts :

Travaux de protection des terrains en montagne. . .	1.000.000

Assistance :

Construction d'une buanderie et de pavillons à l'hôpital civil d'Oran.	245.000

Récapitulation :

Chemins de fer.	23.304.000
Pavages.	835.000
Routes	5.998.000
Hydraulique	710.000
Colonisation	3.000.000
Forêts.	1.000.000
Assistance.	245.000
Total.	35.092.000

2° Réductions

Routes et chemins :

Pont sur l'oued Chiffa (dépense ramenée de 150,000 à 135,000 francs) soit en moins.	15.000

Hydraulique :

Suppression du crédit de 150,000 francs prévu pour l'assainissement de la plaine de Zéramma à Philippeville.	150.000
Total.	165.000

Balance générale :

Programme présenté par l'administration	150.045.686
Additions proposées par la commission.	35.092.000
Ensemble.	185.137.686
A déduire : réductions proposées par la commission	165.000
Montant total.	184.972.686

N.-B. — Dans sa séance du 23 mars, la commission a décidé de proposer aux délégations de fixer à 160 millions, en chiffres ronds, le total des dépenses à imputer sur les fonds d'emprunt.

Seraient imputés sur ces fonds :

1° Les chemins de fer ;

2° Les routes ;

3° Les travaux maritimes ;

4° Les travaux des postes et télégraphes ;

5° Les dépenses d'assistance publique ;

6° Les travaux forestiers proposés par l'administration ;

7° Les œuvres de colonisation jusqu'à concurrence de 5 millions.

Les dépenses de colonisation étant évaluées à 18 millions, dont 12 pour les créations de centres et l'ouverture de chemins et 6 pour l'amélioration des anciens centres, les 13 millions à demander à d'autres crédits que les fonds d'emprunt, seraient pris :

5 millions sur les crédits ordinaires à raison d'une augmentation de 500,000 francs par an pendant 10 ans.

8 millions sur la caisse de réserve (sur ces 8 millions, 5 seraient affectés à la création de nouveaux centres et 3 à l'amélioration des anciens centres).

Les travaux hydrauliques (11 millions) et les travaux de protection des terrains en montagne (1 million) seraient également imputés sur le fond de réserve.

RÉPUBLIQUE FRANÇAISE

GOUVERNEMENT GÉNÉRAL DE L'ALGÉRIE

DÉLÉGATIONS FINANCIÈRES ALGÉRIENNES

COMMISSION DE L'EMPRUNT

1re Séance — Mercredi 13 mars 1907

La commission de l'emprunt a tenu sa première séance le mercredi 13 mars à 9 heures 1/2 du matin.

Ont été élus :

Président : M. Morinaud ;
Vice-président : M. Maréchal ;
Rapporteur général : M. de Solliers ;
Secrétaire : M. Lisbonne.

En prenant la présidence, M. MORINAUD remercie ses collègues de la marque de confiance et de sympathie qu'ils viennent de lui donner.

M. DE SOLLIERS expose ensuite ses vues au sujet du futur emprunt. Il tient à déclarer tout d'abord qu'il en admet le principe et il croit qu'à cet égard tous ses collègues partagent son avis. Mais il juge que le programme présenté par l'administration en vue de l'utilisation des fonds d'emprunt est susceptible de critiques.

Il remarque d'abord, pour ce qui concerne les chemins de fer que, sur la somme de 24 millions prévue pour les travaux complémentaires, 11 millions sont destinés à renforcer la voie de l'est-algérien et 6 millions à augmenter le matériel roulant de cette compagnie. Or ce sont là des dépenses qui incombent à la société fermière. Il appartenait à cette société en raison même du monopole qu'elle exerçait, de faire progresser ses moyens d'exploitation dans la mesure où augmentaient les besoins des collectivités qu'elle était chargée de desservir. La compagnie de l'est l'a si bien compris qu'elle offrait naguère de participer aux dépenses dont il s'agit jusqu'à concurrence de moitié. M. de Solliers estime qu'en tout état de cause ces dépenses ne devraient pas figurer au programme de l'emprunt.

En ce qui concerne les travaux prévus au programme présenté par l'administration, il est d'avis qu'ils ne sauraient être tous exécutés à l'aide de fonds d'emprunt. Certains ne présentent en effet qu'un intérêt immédiat et temporaire. Or les dépenses à imputer sur ces fonds doivent intéresser non seulement les générations présentes mais aussi les générations futures. Il pense quant à lui, que ce caractère ne saurait être reconnu qu'aux dépenses afférentes à la construction de lignes nouvelles de chemins de fer, et, dans une certaine mesure, aux forêts. Les autres travaux, dont il ne conteste pas l'utilité, pourraient être exécutés à l'aide des excédents du fonds de réserve ou des ressources du budget ordinaire dont la situation est des plus prospères. M. de Solliers estime enfin que le programme présenté n'est pas suffisamment étudié et précis ; qu'il y a lieu d'ores et déjà de le déclarer.

M. Marchis, pense, contrairement à l'avis de M. de Solliers, qu'il y a lieu d'incorporer au programme de l'emprunt les dépenses concernant l'est-algérien afin de ne pas retarder la réalisation d'améliorations qui revêtent un caractère d'urgence et d'intérêt public. Si ces dépenses doivent incomber normalement à l'est-algérien, il sera facile d'en recouvrer le montant, au moment de la fixation de l'indemnité à allouer à cette compagnie pour le rachat de son réseau.

Il estime, au surplus, que les dépenses d'assainissement ont, elles aussi, pour objet de satisfaire à des besoins permanents et qu'elles doivent, en conséquence, figurer au programme de l'emprunt. Il les considère même comme plus importantes et plus urgentes que celles qui intéressent les chemins de fer ou les forêts.

M. Gobel partage l'avis de M. Marchis. Il désirerait toutefois que les frais de construction de routes nouvelles fussent aussi incorporés au programme.

M. Berard croit qu'il y a lieu de maintenir au programme toutes les catégories de dépenses qui y ont été prévues, mais il serait d'avis de doter plus largement les chemins de fer.

M. Delphin, d'accord sur ce point avec M. de Solliers, et Maréchal, estime que les dépenses concernant l'est algérien sont des dépenses de 2e établissement ou d'amélioration qui doivent être imputées sur les excédents du fonds de réserve en attendant qu'il soit possible d'en récupérer le montant sur la compagnie dont il s'agit.

M. Sèbe combat cette opinion.

M. Delphin dépose un amendement tendant à prélever sur les 17.900,000 francs des fonds d'emprunt destinés à l'amélioration de la voie et au matériel de l'est-algérien, une somme de 15.285,000 fr. qui permettra d'incorporer au réseau d'intérêt général dans le département d'Alger les lignes de Ténès-Orléansville et Bouïra-Berrouaghia.

M. le Président après avoir signalé la nécessité d'un nouvel emprunt et montré qu'il serait largement gagé par les ressources normales de la colonie, résume brièvement le programme de l'administration. Il estime que, dans ce programme une part insuffisante est faite aux frais de construction de lignes de chemins de fer. Il pense avec M. de Solliers que les dépenses concernant les améliorations à apporter au réseau de l'est peuvent sans inconvénient grave être imputées sur les fonds de réserve ; ces mêmes fonds supporteraient les frais de création de routes nouvelles. L'hydraulique agricole pourrait être également plus largement doté.

Pour ce qui concerne la colonisation, les achats de terres prévus pourraient n'être effectués dans certains cas que progressivement et à l'aide des ressources ordinaires du budget.

Les propositions de l'administration relatives aux ports et aux forêts ne sauraient être discutées mais, en revanche, il serait possible de contester le caractère extraordinaire des dépenses qui concernent l'assistance publique et les postes et télégraphes. Toutefois, si ces propositions sont critiquables en la forme, elles ne sauraient l'être au fond, car les dépenses prévues pour l'assistance sont urgentes au premier chef et celles relatives aux postes et télégraphes sont aussi des dépenses de premier établissement.

La discussion générale est ensuite déclarée close et, sur la proposition du président, la commission, à l'unanimité, déclare accepter le principe d'un nouvel emprunt.

M. Jourdan, en présence des avis émis en faveur de la révision du programme de l'administration, propose d'en confier le soin à une commission extra-délégataire. Le travail de cette commission serait ensuite soumis aux délégations financières réunies en session extraordinaire.

M. Rey, présent à la séance, exprime la même opinion au nom de la commission des finances dont il est le président.

MM. de Solliers, Marchis, Pinelli et Sèbe déclarent partager l'avis émis par MM. Jourdan et Rey.

Sur la proposition de M. le président, la commission décide toutefois qu'il y a lieu avant de prendre une décision à cet égard d'examiner le programme présenté par l'administration.

La séance est levée à midi moins le quart.

2e *Séance*. — *14 mars 1907*

La séance est ouverte à 9 heures et demie du matin, sous la présidence de M. Morinaud, assisté de M. Maréchal, vice-président et M. Lisbonne, secrétaire.

Y assistent MM. Godard et Gauthier, commissaires du gouvernement.

L'ordre du jour appelle l'examen du programme des travaux de chemins de fer à exécuter au moyen du nouvel emprunt.

M. le Président résume le programme présenté par l'administration et qui comprend :

1° La construction de nouvelles lignes.	46.254.200
2° L'exécution de travaux complémentaires	24.190.000
Total.	70.444.200

M. de Solliers estime que la commission doit arrêter sa méthode de travail avant de commencer la discussion du projet d'emprunt.

Selon lui, la commission peut d'ores et déjà exprimer des considérations générales sur l'emprunt, formuler une opinion ferme sur la dotation des divers services ainsi que sur l'imputation de la dépense soit sur les fonds d'emprunt, soit sur le budget ordinaire, soit sur l'excédent du fonds de réserve.

Par contre, en ce qui concerne les projets particuliers, la commission n'est pas en état de les examiner utilement.

L'administration en effet, n'a pas soumis aux délégations un véritable programme inspiré par une idée générale. Aucune cohésion n'apparait entre les propositions particulières dont sont saisies les assemblées algériennes. Il convient donc d'établir un programme rationnel de travaux.

Il paraît à M. de Solliers que seule une commission extra-délégataire pourrait le faire avec compétence.

L'institution de cette commission ne s'aurait d'ailleurs rendre inutile la commission d'emprunt qui pourrait donner des indications sur les propositions de l'administration ou celles émanant des délégués, faire un choix entre les unes et les autres, et renvoyer celles qu'elle retiendrait à la commission extra-délégataire dont le travail serait ainsi préparé.

M. de Solliers conclut en proposant de demander au gouvernement de nommer une commission extra-délégataire.

M. Marchis pense qu'un véritable programme se trouve exposé dans le projet du nouvel emprunt préparé par l'administration.

Sans doute ce programme n'est pas parfait ; des retouches pourront y être apportées. Mais tel qu'il est, il se prête à une discussion approfondie. Il contient beaucoup de bonnes propositions à retenir, si d'autres doivent être écartées. On ne doit donc pas le rejeter de plano.

C'est seulement après l'avoir complètement examiné et dans le cas où cet examen aurait fait ressortir l'impossibilité pour la commission d'emprunt d'émettre un avis fondé, faute de renseigements suffisants, que la nomination d'une commission extra-délégataire pourrait être envisagée et demandée avec justes motifs.

M. Duret partage cette manière de voir. On ne peut pas repousser immédiatement l'examen du projet soumis par l'administration.

M. Gauthier fait connaître que l'administration est disposée à donner à la commission tous les moyens possibles de se former une opinion raisonnée et à compléter par la communication des dossiers les renseignements contenus dans la brochure relative à l'emprunt.

M. Morinaud insiste vivement auprès de ses collègues pour que, conformément à la décision qu'ils ont prise la veille, ils entreprennent immédiatement l'étude du programme d'emprunt en commençant par le chapitre I consacré aux travaux de chemins de fer.

Comme M. Marchis, il pense que c'est seulement à la fin de cette étude que la commission pourra juger en toute connaissance de cause de l'utilité d'instituer une commission extra-délégataire.

M. Bouché critique le projet soumis par l'administration, qui n'est qu'une énumération, une collection de propositions particulières. Il lui semble nécessaire d'en ajourner l'étude. En tout état de cause, la commission doit attendre l'avis des délégations séparées pour statuer sur ce projet.

M. Marchis réplique que la commission d'emprunt possède un droit d'initiative propre.

M. Delphin pense que le renvoi du projet d'emprunt à une session extraordinaire, n'en assurerait pas une étude plus approfondie que maintenant. Certains membres diraient encore : « Nous ne sommes pas prêts à l'examiner. »

Il dépose la motion suivante :

« La commission désireuse de doter l'Algérie du « réseau complet des voies ferrées nécessaire à son « développement, décide d'examiner l'emploi des fonds « d'emprunt en ce qui concerne les chemins de fer, « sans arrêter le chiffre indispensable pour parachever « le programme de l'administration. »

M. Lisbonne expose la méthode de travail qu'à son sens la commission devrait suivre. Il convient tout d'abord qu'elle se prononce sur le principe de l'emprunt. Puis, elle devra procéder à la répartition des fonds d'emprunt entre les divers services. Enfin, elle examinera les différents travaux à exécuter.

Le projet d'emprunt peut dès maintenant être discuté

quant à son principe, quant à son chiffre, quant à la dotation des services.

Le renvoi du projet à l'administration ne se justifiera qu'ultérieurement si la commission constate qu'elle ne peut étudier utilement les différents projets particuliers.

Sur la demande de MM. Bonnefoy et Maréchal, la clôture de la discussion est prononcée.

M. le Président donne lecture de la motion ci-dessus visée de M. Delphin et de deux autres dont il a été saisi par M. de Solliers, d'une part et par M. Marchis, d'autre part.

La motion de M. de Solliers est ainsi rédigée :

« La commission constatant qu'elle ne se trouve pas » en présence d'un véritable programme d'ensemble, » mais seulement d'un certain nombre de propositions » particulières ne se rapportant à aucune idée générale » et n'ayant aucun lien de cohésion entre elles,

» Demande au gouvernement de nommer une com- » mission extra-délégataire, chargée de préparer un » un programme rationnel, avec imputation logique » des dépenses, suivant leur nature, sur le budget » ordinaire, sur la caisse de réserve et sur les fonds » d'emprunt,

» Décide le principe du nouvel emprunt ; demande » qu'une part plus forte soit faite aux constructions » de lignes nouvelles de chemins de fer, et se réserve » en examinant les différents projets actuellement sou- » mis, de les renvoyer avec son avis à la commission » extra-délégataire instituée. »

La motion de M. Marchis est la suivante :

« La commission décide d'examiner dès maintenant » le projet présenté par l'administration, projet qui » constitue un véritable programme élaboré en vue de » donner satisfaction aux besoins de l'Algérie actuels » et dans un avenir assez éloigné ; — et d'avoir » recours à une commission extra délégataire s'il » résulte de cet examen que le nombre des points du

» programme qu'elle est dans l'impossibilité de discu-
» ter, faute de renseignements suffisants, est si élevé
» qu'il justifie la constitution de cette commission. »

La priorité est demandée en faveur de la motion de M. de Solliers qui est rejetée par 11 voix contre 8.

La motion de M. Marchis est adoptée.

M. de Solliers fait connaître que ce vote atteste qu'il n'est plus en communion d'idées avec la commission, et il donne sa démission de rapporteur général. Mais il la retire sur la demande de M. le président et de l'unanimité des membres de la commission qui l'assurent de toute leur confiance et de toute leur sympathie.

La commission aborde ensuite l'examen du programme des chemins de fer dans le département d'Alger.

M. le Président indique que l'administration a groupé en deux catégories, suivant l'urgence, les demandes de construction des voies ferrées dont elle a été saisie. Elle propose d'exécuter sur les fonds d'emprunt les lignes Berrouaghia-Boghari, Boghari à Guelt-Es-Stel, Guelt-Es-Stel à Djelfa (dépense totale 15,384,000 francs) qu'elle a classées parmi les lignes de première urgence.

M. Delphin défend l'amendement qu'il a déposé à la précédente séance et qui tend à ajouter à ces voies ferrées :

1° La ligne de Ténès à Orléansville ;

2° La ligne de Bouira à Berrouaghia,

Il n'oublie pas que ces lignes ont été comprises par le conseil général d'Alger dans le réseau des chemins de fer d'intérêt local ou de tramways en voie d'exécution. Mais leur caractère d'intérêt général lui paraît incontestable et justifierait leur exécution au moyen des fonds d'emprunt. Il signale notamment que la ligne Bouira-Berrouaghia formera un tronçon du grand central qui constituera une voie de desserte de régions riches, ainsi qu'une ligne de pénétration au Maroc par

Tlemcen. Il rappelle que d'ailleurs le décret du 8 avril 1857 et la loi du 11 juillet 1879 les ont incorporées dans le réseau des chemins de fer algériens d'intérêt général.

Il ajoute que sa proposition aurait pour effet d'améliorer la situation financière du département d'Alger qui est actuellement assez difficile.

M. MORINAUD pense que la ligne Ténès à Orléansville — l'examen de la carte le démontre — semble n'offrir qu'un intérêt local.

M. GAUTHIER fait remarquer que la construction et l'exploitation de ces lignes sera assurée par le département.

Les régions intéressées seront donc pourvues de moyens de communication, et il serait d'autant moins justifié dans ces conditions de construire au moyen des fonds d'emprunt les lignes en question, qu'elles ont manifestement un caractère d'intérêt local. Au surplus, les formalités de déclassement et de reclassement en retarderaient l'ouverture.

MM. BERARD et DE SOLLIERS demandent que la ligne de Djelfa à Laghouat, portée parmi les lignes de 2e urgence, soit classée parmi celles de 1re urgence.

M. GAUTHIER craint que le trafic ne soit pas suffisant et que les recettes soient inférieures aux dépenses. C'est une des considérations qui ont conduit à en ajourner l'exécution. Il a paru naturel en effet de ne construire tout d'abord que les lignes dont l'exploitation donnerait un produit net, tant pour éviter de grever le budget de nouvelles charges au titre de la garantie d'intérêt, que pour ménager à la colonie les moyens d'établir plus tard de nouvelles lignes sans recourir à l'emprunt.

M. JOURDAN ne croit pas que le trafic de la ligne de Laghouat doive être aussi faible que le craint M. le commissaire du gouvernement. Et puis, n'en a-t-il pas été souvent ainsi de beaucoup de lignes, au début de leur exploitation, alors que plus tard elles ont pris un développement important. Il semble difficile de présumer en toute certitude le rendement des lignes de chemin de fer avant leur ouverture.

Au surplus, il faut étendre le territoire de l'Algérie, et à ce point de vue la ligne de Djelfa à Laghouat mérite d'être construite. Ne pas en faire l'exécution sur les fonds du prochain emprunt, c'est l'ajourner à plus de dix ans.

M. Jourdan dépose une motion tendant à ajouter la ligne en question à celles qui seront ouvertes sur les fonds du nouvel emprunt.

M. Berard fait observer que la ligne trouverait d'importante recettes dans le ravitaillement du M'zab et l'exportation de l'alfa.

M. Pinelli rappelle que dès leurs premières sessions, les délégations ont demandé la construction de la ligne de Laghouat qui constitue une ligne de pénétration vers le sud absolument nécessaire.

M. Morinaud est également d'avis de construire sur le prochain emprunt cette voie ferrée dont le caractère d'intérêt général est nettement marqué.

M. Lisbonne pense qu'il vaudrait mieux desservir les régions déjà cultivées avant de doter de voies ferrées une région dont la mise en valeur économique n'est pas encore commencée.

M. Paul Robert partage cette manière de voir. Il estime qu'il n'est pas utile de prolonger la voie ferrée vers le sud au-delà de Djelfa, et qu'en tous cas la ligne de Djelfa-Laghouat offre un intérêt stratégique tel, qu'il serait de toute justice que la métropole prît à sa charge une partie de la dépense.

MM. Jourdan et de Solliers lui répondent que subordonner la construction de cette ligne à la participation financière de la métropole, c'est la rendre incertaine.

M. Paul Robert propose d'ouvrir sur les fonds du nouvel emprunt la ligne Orléansville-Vialar qui contribuerait au développement économique de l'immense plaine du Sersou dont la colonisation officielle et la colonisation privée ont pris possession dans ces dernières années et où elles ont installé de nombreuses fermes.

La commission décide de passer au vote sur les diverses propositions qui lui ont été soumises.

La priorité est demandée pour la proposition de M. Jourdan qui est adoptée.

Avant que la commission ne passe au vote des propositions de MM. Robert et Delphin, M. de Solliers dépose une motion préjudicielle tendant à ne pas ajouter d'autres lignes que celles de Djelfa-Laghouat au programme des chemins de fer à construire dans le département d'Alger, faisant observer que si on augmente d'une somme égale (7 millions) la dotation des 2 autres départements en ce qui concerne les voies ferrées, la portion des fonds d'emprunt affectée à ces travaux, se trouvera majorée de 21 millions ; il convient de ne dépasser cette majoration.

La proposition de M. de Solliers est adoptée.

La proposition de M. Paul Robert et celle de M. Delphin se trouvent rejetées *ispo facto*.

La séance est levée à 11 heures et la suite de la discussion renvoyée au lendemain à 9 heures.

3e *Séance. — Vendredi 15 mars 1907*

La commission s'est réunie à 9 heures, sous la présidence de M. Morinaud, président.

M. Gauthier, commissaire du gouvernement, assiste à la séance.

Après un échange d'observations entre MM. Ali Mahieddine, de Solliers et Morinaud, au sujet des compte-rendus publiés dans les journaux, la commission poursuit l'examen du programme de construction des lignes nouvelles de chemins de fer.

Aux lignes déjà classées par l'administration pour être exécutées dans le département d'Oran, c'est à dire celles de :

Relizane à Prévost Paradol,

Mascara à Uzès le Duc,

Sidi Bel-Abbès à Tizi,

M. Lisbonne propose d'ajouter celle de Tlemcen à Beni-Saf. Cette ligne est de toute première urgence. Elle diminuera de 100 kilomètres la distance qui sépare Tlemcen de la mer. Cette ville qui se trouve en effet à 66 kilomètres de Beni-Saf ne peut actuellement embarquer ses marchandises qu'à Oran qui est à 167 kilomètres. Le conseil général du département d'Oran reconnaissant l'urgence de l'établissement de cette ligne avait voté des crédits pour sa construction, mais il dût par la suite abandonner son projet

M. le Commissaire du gouvernement n'a rien à objecter aux considérations développées par M. Lisbonne. La ligne n'a été classée parmi celle de deuxième établissement qu'en raison de l'insuffisance des ressources.

M. Gobel demande pourquoi le conseil général d'Oran

n'a pas persisté dans sa décision de construire le chemin de fer en question.

M. Henri Robert répond que le département d'Oran avait admis le principe de l'établissement de la ligne et voté une somme représentant sa part contributive. La colonie, sollicitée, fournit une subvention égale au maximum prévu par la loi ; mais cette somme jointe au contingent fourni par le département était inférieure de 80,000 francs au montant total de la dépense à engager. Le département ne pouvant faire un sacrifice plus considérable dût renoncer à poursuivre l'exécution de son projet et demanda le classement de la ligne parmi celles d'intérêt général.

M. Ali Mahieddine indique, en outre, que le conseil général avait demandé aux communes intéressées leur concours. Celles-ci fournirent leur contribution, mais elle ne fut pas suffisante.

M. Tedeschi, bien que ne faisant pas partie de la commission, demande à être entendu. Il rappelle qu'en 1877 la ligne Tlemcen-Beni-Saf était classée parmi celles dont l'établissement était jugé nécessaire et urgent. Elle domine, en effet, la plaine qui s'étend entre Tlemcen et la mer. Or, c'est de ce côté seulement que peuvent s'exercer, dans la région de Tlemcen, les efforts des colons, la colonisation ne pouvant réussir dans la région située au sud de la ville.

Ce chemin de fer servirait, en outre, au transport des produits des Hamyan et des Angad et de ceux qui arrivent du Tafilalet et du pays des Beni-Guil. Il est d'ailleurs inadmissible que l'on soit obligé de faire un trajet de 167 kilomètres pour amener les marchandises de Tlemcen à la mer alors que l'on voit la Méditerranée des terrasses de la ville.

M. Jourdan estime qu'il est difficile de décider immédiatement si la construction du chemin de fer de Tlemcen à Beni-Saf s'impose impérieusement. La plupart des membres de l'assemblée ignorent cette question qui, à son sens, devrait être renvoyé à l'examen préalable d'une autre commission. Il ne s'agit pas d'un projet connu de tous comme celui de la ligne de Laghouat dont on parle depuis plus de vingt ans et sur lequel chacun a pu se faire une opinion. Il s'abstiendra, quant à lui, de voter ainsi ex abrupto sur un projet qui lui paraît insuffisamment étudié.

M. Lisbonne rappelle que l'on a convenu hier d'essayer de s'entendre avant de renvoyer les projets à une commission extra-délégataire.

M. de Solliers partage l'opinion que vient d'exprimer M. Lisbonne en ce qui touche le renvoi à une autre commission. Chacun d'ailleurs est d'avis, même les partisans de la nomination d'une commission extra-délégataire, que l'assemblée doit faire connaître son sentiment. Il estime d'ailleurs qu'il n'y a pas à revenir sur les décisions de la veille et qu'il convient de s'en rapporter aux déclarations des représentants du département d'Oran au sujet de l'utilité de la ligne.

M. Bouché ne songe pas à mettre en doute les affirmations de ses collègues d'Oran, mais il croit que l'on oublie qu'il faut tracer un programme d'ensemble et non faire un habit d'arlequin.

M. Maréchal dit que l'on suit aujourd'hui la procédure adoptée à la dernière réunion. Hier, l'assemblée s'en est rapportée aux déclarations des délégués du département d'Alger en ce qui touche l'utilité du Djelfa-Laghouat, aujourd'hui les représentants du département d'Oran demandent qu'on use de réciprocité à leur égard en ce qui concerne la construction du Tlemcen-Beni-Saf, sur la nécessité duquel ils sont tous d'accord.

Après un échange de vues entre MM. Pinelli, Henri Robert et Berard, l'assemblée décide l'addition de la ligne Tlemcen-Beni-Saf au programme des travaux à exécuter dans le département d'Oran.

On passe à l'examen des lignes dont l'exécution est proposée par l'administration pour le département de Constantine.

M. Morinaud tant en son nom personnel qu'au nom des représentants du département de Constantine propose d'ajouter à la ligne de Constantine à Djidjelli, dont l'établissement est déja prévu, la ligne Tébessa-Aïn-Beïda avec prolongement jusqu'à Philippeville, le tronçon Tébessa-Aïn-Beïda devant seul être construit immédiatement. Ce chemin de fer est appelé à rendre les plus grands services. Non seulement il desservira la région parcourue mais encore il mettra en communication les deux grandes lignes perpendiculaires à la mer aboutissant à Bône et à Philippeville. C'est, on le voit, au premier chef une ligne d'intérêt général et d'une utilité urgente. Le département de Constantine, dans le but de faciliter l'établissement de cette ligne, prendra à sa charge la construction du chemin de fer de Bougie à Sétif qui est classé dans le programme de l'administration. La question du Tébessa-Aïn-Beïda n'est pas nouvelle ; elle est venue plusieurs fois aux délégations financières qui ont été saisies des justes doléances des populations intéressées. Elle est donc mûre pour l'examen et la décision. M. Morinaud ajoute qu'une addition a été proposée. M. Marchis n'a pas fait d'opposition à l'adjonction de cette ligne à celles qui sont déjà classées, sous réserve qu'un embranchement la reliera à Morsott.

La dépense sera de ce chef augmentée de 2,000,000 et portée à 7,800,000 francs.

MM. Gobel et Delphin ne s'opposent pas au classement demandé pour la ligne Tébessa-Aïn-Beïda-Philippeville mais il font remarquer que la commission n'a pas retenu hier la ligne de Berrouaghia-Bouïra qui aurait également l'avantage de réunir deux lignes d'intérêt général. La construction en a été instamment demandée par les populations des régions qu'elle traverserait et elle présente à leurs yeux plus d'utilité que le Djelfa-Laghouat.

MM. Jourdan et de Solliers protestent contre cette dernière assertion.

M. Sèbe est d'accord avec les représentants de Constantine en ce qui touche le classement du Tébessa-Aïn-Beïda et la construction par le département du Bougie-Sétif; mais il ne voudrait pas que cette ligne fût rayée du programme. La subvention que le département attend de la colonie peut faire défaut ou être insuffisante. Il convient donc de réserver l'avenir et de conserver à cette ligne le rang qu'elle occupe aujourd'hui car elle est de la plus grande nécessité pour la région qu'elle doit traverser et où la colonisation donne des résultats merveilleux.

M. le Président consulte l'assemblée sur le classement de la ligne Tébessa Aïn-Beïda direct, reconnue nécessaire par tous les délégués de Constantine, avec l'addition la Meskiana-Morsott demandée par M. Marchis avec la grosse majorité de ses collègues.

M. Pinelli demande la division. Pour lui le tronçon la Meskiana-Morsott n'a qu'un intérêt purement local.

La région déjà desservie par la ligne Tébessa, Souk-Ahras, Bône le sera par la nouvelle ligne prévue; l'embranchement n'a donc à ses yeux, qu'un intérêt secondaire et doit être ajourné.

M. le Président met aux voix le classement de la ligne de Tébessa, Aïn-Beïda direct, 5.800.000 francs.

Adopté.

Il met ensuite aux voix le classement de l'embranchement: La Meskiana-Morsott qui est également votée 2.000.000 francs.

Après une suspension de quelques minutes la séance est reprise.

M. Bonnefoy voudrait voir classer dans les lignes de deuxième établissement le chemin de fer de Batna à l'Aurès. L'Aurès est un massif forestier considérable dont l'exploitation rationnelle est impossible faute de moyens de communication. Récemment le service des forêts a mis en vente 100.000 mètres cubes de bois de cèdre, bois de tout premier choix pour le commerce, qui n'ont pas trouvé preneur faute de moyens de transport.

Le service des forêts a demandé la construction de ce chemin de fer dont il a depuis longtemps étudié les conditions d'établissement et qui coûterait 2.000.000 : M. Bonnefoy insiste pour qu'il soit classé et prenne rang.

M. Lisbonne estime qu'avant de s'occuper des lignes secondaires il faut songer aux principales.

M. Bonnefoy est d'avis que l'initiative de la commission n'est pas limitée. Il demande donc le classement du chemin de fer de Batna à l'Aurès.

M. le Président fait observer qu'il ne s'agit plus que d'un vœu.

M. Robert pense que dans ces conditions la proposition de M. Bonnefoy ne peut-être faite à la commission qui ne reçoit pas les vœux pour les constructions futures. Son rôle se borne à l'examen du programme des travaux à exécuter prochainement.

MM. Berard et Marchis partagent cette manière de voir.

M. Bonnefoy déclare qu'il déposera un vœu au sein de la délégation.

M. le Président demande s'il ne conviendrait pas, pour alléger la tâche du rapporteur général, de désigner un rapporteur spécial pour les constructions de lignes nouvelles.

Après un échange de vues entre divers membres de la commission, la proposition est adoptée et M. Lisbonne, qui accepte cette mission, est désigné comme rapporteur.

M. le Président exprime au nom de tous l'espoir que les délais pour la construction des lignes nouvelles seront réduits à leur minimum.

M. le Commissaire du gouvernement donne à l'assemblée l'assurance que l'administration fera toute diligence, dans la mesure des crédits qui lui seront consentis et des moyens dont elle disposera au point de vue du matériel et du personnel.

M. de Solliers dit qu'il faut tenir compte des lenteurs de la procédure préalable.

M. le Commissaire du gouvernement confirme l'avis de M. de Solliers : certaines formalités administratives, qu'on ne peut éviter, sont très longues. L'administration fera cependant tous les efforts pour hâter les travaux.

M. H. Robert s'étonne alors de ce que l'on renvoie à plusieurs années l'étude de certains avant projets.

M. le Commissaire du gouvernement explique que c'est en raison de l'insuffisance du personnel.

M. Jourdan demande quel est l'état des études qui ont dû être faites sur les projets compris au programme.

M. le Commissaire du gouvernement dit qu'il y a eu des estimations faites, des études préalables à la déclaration d'utilité publique, mais que les études complètes et définitives n'ont pas eu lieu.

M. Jourdan pense que les évaluations figurant au programme ne seront pas dépassées dans une proportion aussi élevée que l'ont été celles des travaux du premier emprunt.

M. le Commissaire du gouvernement affirme que les études faites ont été sérieuses et que s'il ne lui est pas possible de certifier qu'il n'y aura aucun dépassement il croit être certain que ce dépassement, s'il se produit sera peu important. Il ajoute qu'en ce qui concerne le 1er emprunt il ne faut pas perdre de vue que le dépassement est dû en grande partie à ce fait que la liste les travaux portés aux programmes a été fortement augmentée.

La commission examine ensuite le programme des travaux complémentaires à exécuter sur les voies ferrées à l'aide des fonds d'emprunt.

Ces travaux consistent dans la transformation de la ligne de Bône à Tébessa pour permettre un plus puissant débit de phosphates ; dans le renforcement entre Maison-Carrée et Constantine de la voie de l'est algérien dont le matériel roulant serait en même temps augmenté.

M. de Solliers tient à exprimer l'étonnement que lui cause la demande d'une somme aussi considérable pour des acquisitions de matériel roulant et l'exécution de travaux complémentaires. Ce sont là des dépenses que les cahiers des charges des concessions imposent aux compagnies. Il est donc inadmissible que ce soit la colonie qui les prenne à son compte. Le service du contrôle doit exercer son action sur les compagnies et les contraindre à exécuter leurs engagements, notamment en ce qui concerne le matériel roulant jugé insuffisant.

Cette manière de voir est entièrement approuvée par la plupart des membres de la commission, MM. Morinaud et Jourdan notamment.

M. le Commissaire du gouvernement déclare qu'il est d'accord avec M. de Solliers sur la nécessité d'obliger la compagnie Bône-Guelma à contribuer à la transformation de la ligne de Bône à Souk-Ahras et Tébessa. Toutefois, on ne peut songer à lui imposer la totalité de la dépense. Les cahiers des charges prévoient, il est vrai, que les concessionnaires doivent acquitter certaines dépenses, faire exécuter tels travaux; mais ici on se trouve en dehors des hypothèses prévues par les cahiers des charges. Il s'agit d'une tranformation radicale de la voie, qui a pour but d'élever le maximum du débit de la ligne au-dessus de celui qui peut être atteint actuellement, étant données les conditions de la concession. La compagnie, si on lui demandait de prendre à son compte l'ensemble de la dépense, pourrait donc s'y refuser et déclarer que les clauses de l'engagement primitif étant rompues par la colonie, celle-ci doit assumer les frais des travaux qu'elle veut entreprendre.

Pour l'est-algérien, tous les travaux sont évidemment à la charge de la colonie, puisqu'il est racheté. Il y a, dit-on, un arriéré qui eût pu être évité, si le contrôle eût agi. Mais, en ce qui concerne la substitution de rails plus lourds à ceux qui sont actuellement en usage, on s'est heurté au mauvais vouloir de la compagnie. Le cahier des charges lui imposait l'emploi de rails de plus de 25 kilogr.; elle en a utilisé qui pesaient 25 kilog. et demi, et s'est refusée à les changer. Elle s'était conformée à ses engagements; le contrôle était désarmé. Pour ce qui est du matériel, celui dont l'achat est demandé est destiné à mettre la compagnie en mesure de donner satisfaction, dans l'avenir, aux exigences du trafic qui prendra un développement considérable, lors de l'unification des tarifs. Sur ce point encore, l'action du service du contrôle ne s'exerce que très difficilement. On ne peut obliger les compagnies à augmenter leur matériel roulant que lorsque les délais de transport sont habituellement dépassés. Or, en pratique, la preuve est presque impossible, car les transporteurs ne sont pas toujours disposés à éclairer le service du contrôle en raison de l'intérêt qu'ils ont à ménager la compagnie. Celle-ci ne peut, d'ailleurs, être mise en demeure que si le retard est habituel.

Enfin, spécialement pour l'est-algérien, la crainte du rachat l'a empêché de faire les acquisitions de matériel nécessaires.

M. de Solliers ne croit pas que cette crainte ait pu retenir l'est-algérien, puisque le matériel doit être racheté. Le contrôle eut dû user des droits qu'il tient de la législation et mettre la compagnie en demeure d'augmenter son matériel.

Sur la question des rails, il s'étonne que la compagnie ait refusé de participer aux dépenses de substitution, puisqu'elle avait offert d'en payer la moitié. Il lui paraît très fâcheux qu'on n'ait pas accepté son offre. Ne peut-on, au moins lui faire payer une partie de la dépense sur les réserves dont elles dispose ? L'a-t-on mise en demeure de mettre son matériel en état avant de le livrer à la colonie ? Il est inadmissible que les compagnies laissent ainsi délibérément, en prévision d'un rachat, un arriéré considérable dont elles abandonneraient la liquidation à la colonie.

D'autre part, il ne ressort nullement de la brochure distribuée aux membres de l'assemblée que la compagnie du Bône-Guelma ait été invitée, ainsi que l'indiquait M. le commissaire du gouvernement, à contribuer aux dépenses de transformation de la ligne de Bône à Souk-Ahras et Tébessa.

M. le Commissaire du Gouvernement déclare que des pourparlers ont été entamés avec la compagnie du Bône Guelma pour obtenir qu'elle participe aux transformations de la ligne Bône-Souk-Ahras-Tébessa. Pour ce qui est du matériel de l'est-algérien, la crainte du rachat a pu empêcher la compagnie d'augmenter ce matériel dans la certitude où elle était qu'il ne lui serait pas payé si elle ne tenait pas ses engagements au moment du rachat ; d'autre part, le service du contrôle ne peut être incriminé ; il a mis la compagnie en demeure d'accroître le nombre de ses locomotives et de ses wagons, mais elle n'en a rien fait.

M. de Solliers et la plupart de ses collègues déplorent cette situation.

Après un échange d'observations entre MM. de Solliers, Marchis et le Commissaire du gouvernement, M. le Président prend acte des déclarations de M. le commissaire du gouvernement sur les deux points suivants, à savoir :

1° Que la compagnie du Bône-Guelma sera invitée à contribuer pour le maximum possible aux dépenses de transformation de la ligne de Bône à Souk-Ahras et Tébessa ;

2° Que la compagnie de l'est-algérien a été mise en demeure d'apporter à son réseau des améliorations, et d'augmenter son matériel roulant et qu'en conséquence réserve sera faite, au moment de la remise de la voie et du matériel, des droits de la colonie.

M. Deyron demande ensuite à être entendu au sujet de la transformation de la ligne de Bône à Souk-Ahras et Tébessa. Cette transformation peut avoir pour objet : 1° de substituer sur tout le parcours une voie large à la voie étroite actuelle ; 2° de substituer la voie large à la voie étroite sur certaines portions de la ligne où le trafic est particulièrement important : 3° de conserver la voie étroite, en se bornant, soit à la doubler, soit à modifier le tracé et le profil de la ligne. Il insiste vivement pour que le premier ou le dernier de ces systèmes soit adopté, à l'exclusion du second qui ne donnerait pas satisfaction aux intéressés, puisqu'il n'éviterait pas le transbordement.

M. le Commissaire du Gouvernement prend note de cette observation.

La séance est levée à 11 heures et renvoyée au samedi, 16 mars, à 9 heures.

———

1° Séance. — *Samedi 10 mars 1907*

La séance est ouverte à 9 heures, sous la présidence de M. Morinaud, président.

Y assiste, M. Godard, commissaire du gouvernement.

Lecture est faite des procès-verbaux des deux premières séances qui sont adoptés sans observations.

M. Lisbonne est désigné comme rapporteur du programme complémentaire des travaux de construction des chemins de fer.

L'ordre du jour appelle la discussion du programme des routes et chemins.

La *première catégorie* des travaux, envisagée comme le complément du programme primitif dressé en vue de l'emploi des fonds de l'emprunt de 50 millions, ne donne lieu à aucune observation.

2e *catégorie. — Nouveau classement des routes nationales*

M. Marchis demande que la route de la Calle à Tébessa itprolongée jusqu'à la frontière tunisienne.

M. Godard, commissaire du gouvernement fait observer que les études du service compétent n'ont pas porté au delà de Tébessa. D'ailleurs d'une manière générale le programme tracé par l'administration a été restreint à ses justes limites pour éviter dans l'avenir de dépasser pour l'entretien des routes le crédit prévu à cet effet au budget ordinaire.

M. Marchis n'admet pas le principe posé par M. Godard

La question d'entretien n'est que secondaire. Il s'agit avant tout de savoir si la route est nécessaire aux besoins existants. Or elle est nécessaire aux intérêts de la région. De plus, il ne s'agit que d'une longueur de 35 kilomètres.

M. Maréchal voudrait voir ajouter au programme le prolongement de la route d'Arzew à El-Aricha jusqu'à Berguent. Cette route permettrait de drainer en Algérie tout le commerce de la section de Berguent qui se fait actuellement par Melilla et l'Espagne. Elle présente également un grand intérêt au point de vue stratégique.

Cette proposition est approuvée par M. Carbafang.

M. de Solliers estime qu'il faut se limiter. La commission a admis l'extension du programme des chemins de fer ; quant aux routes il est d'avis de s'en tenir aux indications de l'administration. D'ailleurs les fonds d'emprunt ne doivent faire face qu'à des dépenses d'intérêt général. C'est aux communes si leur intérêt est spécialement en jeu, qu'il appartient de consentir des sacrifices pour l'établissement des routes qu'elles jugeront utiles. De plus il est probable que le parlement n'élargira pas les limites du programme posé par le gouverneur général.

M. Marchis persiste à penser que l'état doit faire face aux frais de 1er établissement des routes.

M. Morinaud déclare qu'il ne votera ni la proposition de M. Maréchal, ni celle de M. Marchis. Il estime avec M. de Solliers qu'il ne faut pas élargir ce programme

L'administration a suivi la voie tracée par les délégations financières. L'état s'impose des sacrifices considérables en classant de nouvelles routes nationales. Il est indispensable que les départements et les communes fassent aussi un effort.

Les propositions de MM. Marchis et Maréchal sont mises aux voix et repoussées.

En conséquence, le programme est maintenu tel qu'il a été présenté.

3e *catégorie. — Pavage des routes nationales.*

M. Lisbonne et M. Maréchal demandent que la commune de Sidi-Bel-Abbès soit dégagée de l'obligation de prendre à sa charge la moitié de la dépense de pavage de la route nationale n° 7 à la traverse de Sidi-Bel-Abbès. Lorsque la commune pris cet engagement il n'était pas question de l'emprunt. La situation n'est plus la même maintenant. Les dépenses pour les autres routes portées au programme sont entièrement à la charge de la colonie, et il ne semble pas équitable de créer une catégorie d'exception pour Sidi-Bel-Abbès.

M. Godard, commissaire du gouvernement, fait remarquer que si la moitié de la dépense a été mise à la charge de la commune c'est parce qu'elle en avait pris l'engagement. Puisqu'elle éprouve des difficultés à réaliser sa part, il ne voit aucun invénient à ce que, comme pour les autres routes portées au programme, la totalité de la dépense de pavage soit supportée par la colonie.

L'amendement de M. Lisbonne est adopté.

M. Carrafang expose qu'il est de toute nécessité, tant au point de vue de la circulation que de la salubrité de faire procéder au pavage de la route nationale n° 7 à la traverse de Mascara. Il estime d'ailleurs que les travaux de pavage devraient être limités exclusivement à la traverse des villes.

Il dépose un amendement tendant au prélèvement d'une somme de 100.000 fr. sur les fonds du nouvel emprunt en vue des travaux de pavage de la route nationale n° 7 dans la traverse de Mascara.

M. Godard, commissaire du gouvernement, déclare qu'il n'a pas été possible de comprendre au programme, tous les pavages.

La liste établie est celle des travaux qui ont paru, après examen attentif de la question, de première nécessité.

Ceux d'une importance secondaire seront exécutés suivant les disponibilités des crédits du budget ordinaire. Il n'est pas d'avis, d'autre part, de limiter le pavage à la traverse des routes. Il existe des parties hors ville où la circulation est plus intense que dans la ville même et dans ces endroits le pavage s'impose de préférence.

L'amendement de M. Carrafang est adopté.

M. Duret demande s'il serait possible de comprendre dans le programme le pavage de la route d'Oran à Sidi-bel-Abbès, dans le tronçon Oran-La-Sénia. Cette amélioration est indispensable à cause de la circulation intense en cet endroit et qui est dûe aux cultures maraîchères. Les frais d'entretien qui en résultent sont actuellement très considérables.

M. Godard, commissaire du gouvernement, déclare que la dépense serait de 530,000 fr. Outre qu'elle est excessive il ne paraît pas indispensable de l'effectuer sur les fonds de l'emprunt. L'administration a l'intention faire procéder progressivement au pavage de ce tronçon sur les crédits du budget ordinaire. Le 1er travail consistera à raser les banquettes qui ne servent qu'à accumuler la poussière sur la chaussée. Cette opération terminée il sera procédé au pavage à partir d'Oran.

M. Duret se déclare satisfait.

M. Gobel demande si la somme de 400,000 fr. prévue pour le pavage de la route nationale n° 5 entre Maison-Carrée et Rouïba est suffisante pour mettre ce tronçon en complet état de viabilité.

Sur la réponse négative de M. Godard, qui déclare que pour que l'amélioration soit complète, une somme de 600,000 fr. serait nécessaire, M. Jourdan dépose un amendement tendant à porter à 700,000 fr. le chiffre de 500,000 fr. primitivement prévu pour le département d'Alger, sous réserve que l'augmentation de 200,000 fr.

sera exclusivement affectée au pavage de la route nationale n° 5 entre Maison-Carrée et Rouïba.

Cet amendement est mis aux voix et adopté.

M. Carrafang demande la mise à l'étude en 1908 du projet de réfection du pavage de la route nationale n° 6 à la traverse de Saïda.

M. Godard, commissaire du gouvernement, promet de faire étudier la question.

Sont successivement adoptés :

— Un amendement de M. Sèbe, tendant à faire comprendre pour 108,000 fr. au programme le pavage de la route nationale n° 5 à la traverse de Sétif.

— Un amendement de M. Morinaud, pavage de la route nationale n° 3 à la traversée de Constantine, 66,000 francs.

— Un amandement de M. Bonnefoy, pavage de la route nationale n° 3, traverse de Batna, 130,000 fr.

4° Programme complémentaire

Sur la demande de M. Lisbonne, le programme concernant le département d'Oran est réservé, pour permettre aux délégués de ce département de s'entendre sur cette question.

M. Gobel demande le classement d'un chemin du littoral de Courbet à Dellys, pour desservir les intérêts de la région qui ont été sacrifiés jusqu'à ce jour.

M. Godard fait observer que le programme a classé parmi les routes nationales celle de Ménerville à Bougie par Tizi-Ouzou. Il ne pense pas que la colonie doive subventionner la création d'un chemin parallèle à cette route.

M. Bouché fait remarquer que le chemin demandé ne dessert pas la même région que la route de Ménerville à Bougie.

M. Godard déclare que cette voie n'ayant pas été demandée par le conseil général elle n'a fait l'objet d'aucune étude.

M. Gobel dépose un amendement tendant à faire figurer au programme le classement du chemin de Courbet à Dellys, pour lequel il estime qu'une somme de 200.000 francs est nécessaire.

L'amendement soutenu par M. Bouché est adopté sous réserve du montant de la dépense qui ne pourra être fixé qu'après une étude de la question.

M. Bensiam demande le prolongement du chemin de Bou-Medfa à Médéa, du Gontas à la crête de la montagne. Il existe dans cette région des fermes importantes qui par suite du manque de voies de communication ne peuvent que difficilement écouler leurs produits, tabacs et céréales.

M. Godard, commissaire du gouvernement, reconnaît la nécessité incontestable de ce chemin. Il estime toutefois que la dépense sera considérable et dépassera certainement 200.000 francs en raison des nombreux ouvrages d'arts, ponts ou ponceaux qu'il sera nécessaire de construire.

Une discussion s'engage sur l'économie des projets de construction des routes de colonisation.

M. Maréchal préconise la construction sur les petits cours d'eau, de ponts submersibles. D'une manière générale, il estime qu'il est préférable de faire modeste pour faire beaucoup.

M. Sabatier partage cet avis.

Il est préférable de faire des chemins de colonisation de 4 mètres au maximum de largeur plutôt que des routes de 6 ou 8 mètres. On construit trop de routes. Celles-ci n'ont d'intérêt qu'aux abords des villes à cause de l'intensité du charroi, mais partout ailleurs l'utilité en est très contestable. Au surplus ce n'est pas la première fois que les délégations s'élèvent contre les frais considérables qu'entraînent les routes, et qui représentent le tiers des dépenses de colonisation. L'administration est d'autant plus forte pour entrer résolûment dans la voie préconisée, qu'elle s'appuie sur les délégations.

Ces observations sont partagées par la commission.

M. Godard, commissaire du gouvernement, déclare que le service des ponts et chaussées tient compte de ces considérations et que dans les projets de route établis la largeur de la route est proportionnée à son utilité.

Il fait observer qu'il serait dangereux et peu économique de ramener la largeur des routes au-dessous de 6 mètres.

La commission émet l'avis que l'emprise des routes ne devra pas dépasser 6 mètres, avec un empierrement de 3 mètres, sauf dans les parties où les charrois sont intenses et où l'empierrement devrait être porté à 4 mètres.

La discussion est close.

L'amendement de MM. Ben Siam et Delphin, tendant à faire figurer au programme le chemin de Bou-Medfa à Médéa et à le doter d'une provision de 200,000 francs est adopté, sous réserve du chiffre de la dépense qui ne peut être évaluée dès à présent, faute de renseignements complets sur la question.

MM. Sèbe, Audureau et Marchis présentent un amendement tendant à la substitution, au programme, du chemin de grande communication n° 11 de Sétif à

Mac-Mahon au chemin d'intérêt commun n° 84 de Saint-Arnaud à Fedj-M'Zala qui resterait classé comme chemin de 2e urgence.

La commission adopte cet amendement sous réserve qu'il ne sera affecté au chemin de G. C. n° 11 que la somme de 550,000 francs prévue pour le chemin d'intérêt commun n° 84.

M. Ben Gana émet le vœu que l'on comprenne également le chemin d'intérêt commun n° 34 d'Oued Athmenia à Rouffach dans le programme d'emploi des fonds du nouvel emprunt.

M. Picot expose que ce chemin traverse un bassin minier important et une région très productive. Son utilité est incontestable. Il est demandé depuis longtemps au département qui faute de ressources suffisantes n'a pu l'aménager.

M. Godard, commissaire du gouvernement, ne conteste pas l'utilité du chemin. S'il n'a pas figuré au programme, c'est en raison des ressources limitées dont on disposait pour les routes et chemins. Toutefois il estime que les communes intéressées devront participer à la dépense.

L'amendement de M. Ben Gana est adopté et la commission décide d'affecter à ce chemin une somme de 310,000 francs.

Un amendement est déposé par M. Marchis en vue de faire figurer le chemin de Bône à Herbillon au programme pour 300,000 francs.

L'amendement est adopté.

M. Pinelli dépose un amendement tendant à ce que le chemin en bordure de la mer des terre-pleins de Philippeville au Filfila soit inscrit au programme. La dépense prévue est de 500,000 francs ; toutefois, il estime que l'on pourrait en partie faire face à la dépense au moyen du crédit de 150,000 francs prévu pour les travaux d'hydraulique agricole dans la région de Philippeville. Il ne serait dans ce cas besoin que d'un supplément de crédit de 350,000 francs.

M. Godard est d'avis que la colonie peut supporter la partie de la dépense qui sera nécessitée par l'aménagement de la route depuis Philippeville jusqu'aux dunes. Pour le surplus les communes intéressées devront prendre les travaux à leur charge.

Sous cette réserve, l'amendement est adopté.

Sont également adoptés les amendements suivants tendant à ajouter au programme : 1° le chemin de grande communication n° 32 de Batna à Biskra ; 2° le chemin de grande communication n° 25 de Tamentout à Mila par Fedj-M'zala ; 3° le chemin de grande communication n° 2 de Constantine à Djidjelli (prolongement à Constantine ; 200,000 fr.).

M. Marchis prie la commission de prendre en considération la demande tendant à ce que les voies d'accès en création du port de Bône soient comprises dans le réseau des routes nationales, et comme telles soient construites aux frais de la colonie. Cette prise en considération est basé sur ce qui a été fait pour Oran.

La commission, après discussion, adopte la proposition de M. Marchis sous réserve que la chambre de commerce de Bône interviendra dans la dépense pour une contribution.

La séance est levée à 11 h. 1/2.

Séance lundi 18 mars.

5e Séance. — Lundi 18 mars 1907

La séance est ouverte à 9 heures du matin, sous la présidence de M. MORINAUD, assisté de M. MARÉCHAL, vice-président et de M. LISBONNE, secrétaire.

Y assiste M. GODARD, commissaire du gouvernement.

La lecture du procès-verbal de la p[illegible]édente séance ne donne lieu à aucune observation.

L'ordre du jour appelle la suite de l'examen du programme complémentaire des routes et des chemins.

M. MARÉCHAL fait connaître qu'il a une série de propositions à soumettre à la commission pour ce qui concerne le département d'Oran.

Il demande, en premier lieu, l'incorporation au programme complémentaire du *chemin de Frenda à El Ousseuk* (chemin vicinal ordinaire n° 1 de la commune du Djebel Nador) ; dépense prévue : 350,000 fr. Le projet de construction de ce chemin a fait l'objet d'un vœu du conseil général d'Oran.

Adopté.

2° Incorporation au programme du *chemin de Renault à Taougrit* :

Sur une remarque de M. GODARD que ce chemin ferait en quelque sorte double emploi avec l'un de ceux dont la construction a été approuvée dans le département d'Alger, M. MARÉCHAL déclare ne pas insister.

3° *Chemin des Lauriers Roses à Aïn Guendoul* ; dépense à prévoir : 50,000 francs.

M. CARAFANG insiste sur l'intérêt que présente la constructisn de ce chemin. Il s'agit de débloquer une région de 7 à 8 mille hectares de terres riches et en partie colonisées.

M. Godard fait observer que cette question concerne plutôt la colonisation.

M. Sèbe estime qu'en effet, ce chemin ne saurait être prévu qu'au titre de la colonisation.

M. H. Robert fait à ce sujet une observation d'ordre général ; il voudrait qu'on affectât une somme globale à la construction de routes et chemins dont l'utilité pourrait se révéler au point de vue spécial de la colonisation.

M. Sabatier combat cette proposition. Il fait remarquer que la commission doit, à l'heure actuelle, se borner à donner des indications à l'administration sur le degré d'importance et l'utilité des voies terrestres dont la construction est proposée. Il appartiendra à l'autorité administrative de s'occuper de la question d'imputation occasionnée par la réalisation de ces projets.

M. Lisbonne appuie cette manière de voir.

M. H. Robert persiste à penser que ce mode de procéder est vicieux. Il craint que certains chemins de colonisation de 1re urgence ne soient pas prévus au programme par le seul fait que leur utilité n'aura pas été signalée à la commission. Il croit qu'il serait prudent dans ces conditions de réserver une certaine somme pour les besoins de la colonisation.

MM. Sabatier et Duret font observer que cette proposition aurait dû être faite au début de la discussion, et qu'on ne saurait y donner suite à l'heure actuelle sans compromettre les intérêts du département d'Oran.

M. H. Robert retire sa proposition.

La commission approuve l'incorporation au programme du chemin des Lauriers-Roses à Aïn-Guendoul.

4° *Chemin de grande communication n° 4, partie comprise entre Bedeau et Bossuet*; dépense prévue : 270,000 francs.

La construction de ce chemin a fait l'objet d'un vœu du conseil général d'Oran.

Adopté.

5° *Chemin de Chanzy à Mercier-Lacombe* ; dépense prévue : 570,000 francs.

Ce chemin desservirait une plaine de 50 à 60,000 hectares, où la colonisation se pratique avec succès.

M. Sabatier insiste sur la beauté et la fertilité de cette région.

M. Godard ne contestant pas l'utilité du projet du chemin dont il s'agit, son incorporation au programme est aprouvée.

6° *Chemin de Frenda, Martimprey, Djilali ben Amar* ; dépense prévue : 100,000 francs.

M. Carrafang fait remarquer qu'il s'agit de doter d'une voie de communication une région où les terres de première qualité sont abondantes et où les sources sont nombreuses.

Adopté.

7° *Chemin de Thiersville à Aïn-Sultan* par Beniane ; dépense prévue : 420,000 francs.

MM. Carrafang et H. Robert appuient cette proposition.

Adopté.

8° *Chemin du Pont-de-l'Isser à Montagnac* (en prolongement du chemin de grande communication n° 19), dépense prévue : 207,000 francs.

Sur observation de M. Godard que ce chemin est déjà en construction, M. Maréchal n'insiste pas en faveur de sa proposition.

9° *Chemin d'Aïn-Fekan à Ouïzert ;* dépense prévue : 100,000 francs.

M. H. Robert appuie cette proposition qu'il juge des plus intéressantes au point de vue de la colonisation. Le chemin prévu desservirait des terres de culture de tout premier ordre, situées à une altitude moyenne de 450 mètres environ. L'initiative privée a déjà donné dans cette région un effort énorme : 10,000 hectares sont en pleine exploitation. Cet effort mérite d'être encouragé. La construction du chemin proposé permettra à la population intéressée d'écouler plus facilement les produits de son travail. Le conseil général d'Oran s'est d'ailleurs prononcée en faveur du projet.

M. Godard observe qu'il s'agit là plutôt d'une dépense de colonisation.

M. Jourdan appuie cette opinion. Il est surpris, d'autre part, que la commission consente à statuer sur des projets qui n'ont pas été soumis à l'examen préalable des agents techniques de l'administration. M. Godard, directeur des travaux publics, représente seul l'intérêt général au sein de la commission ; on ne saurait prendre de décisions éclairées sans connaître son avis sur l'opportunité et l'importance des propositions qui viennent d'être faites directement à l'assemblée.

Cet avis est partagé par M. de Solliers.

Après un échange d'observations entre MM. de Solliers, Gobel et Carrafang, la commission décide de réserver la question.

Sont ensuite rejetées les propositions faites :

1° par M. Carrafang, en faveur d'un projet de chemin de Saïda, Aïn-el-Hamra, Hassasna ;

2° par M. Duret, en faveur d'un projet de chemin d'Aïn-el-Ganel aux fermes Havard (près Tlemcen).

L'examen du programme complémentaire des routes à édifier dans le département d'Oran est terminé.

Département d'Alger. — M. Aïthmedi dépose l'amendement suivant :

« Le soussigné,

« Considérant que les deux Kabylies ne possèdent pas de communications ;

« Que les chemins de fer et les routes projetés ou tracés depuis plus de vingt ans, attendent toujours leur exécution qui ne peut être assurée sans l'intervention de la caisse coloniale ;

« Qu'en effet, les gros sacrifices consentis par les communes sont insuffisants pour rétablir des chemins dans des régions excessivement accidentées ;

« Qu'enfin, les budgets départementaux dont la situation précaire n'est plus à démontrer, sont dans l'impossibilité de donner satisfaction aux populations intéressées ;

« Prie la commission de vouloir bien accorder une somme de 515,000 francs au chemin de Michelet à Dra-el-Mizan et 540,000 francs à la route d'Azazga à Akbou.

« Ces deux voies sont l'objet d'une proposition de la part des services techniques ».

M. Godard ne conteste pas l'utilité de ces chemins, mais il estime que la colonie ne saurait examiner la possibilité de les édifier à ses frais avant que le conseil général d'Alger n'ait décidé d'une façon ferme d'en assurer l'entretien aussitôt qu'ils seront construits ; le gouvernement général est d'autant plus décidé à entrer dans cette voie qu'il a rencontré une vive résistance de la part du département d'Alger lorsqu'il s'est agi de mettre à la charge de ce dernier l'entretien de chemins construits au compte de la colonie.

M. Jourdan demande que la commission veuille bien réserver l'examen du programme complémentaire des routes à édifier dans le département d'Alger. Les représentants de ce département en effet ne sont pas encore en mesure de proposer à l'assemblée des projets par ordre d'importance et d'opportunité. Ils ne prévoyaient pas qu'on donnerait à la discussion une telle extension. Comme il n'y a pas de raison pour que, par suite de ces circonstances, le département d'Alger soit moins avantagé que les départements voisins, il y a lieu de permettre aux membres intéressés de l'assemblée de se documenter et de présenter à leur tour des propositions.

MM. Gobel et Bouché appuient cette manière de voir.

La proposition de M. Jourdan est adoptée.

Sur la proposition de M. Marchis, la commission décide de recommander à l'administration le chemin de Bône à Herbillon par Bugeaud pour que ce chemin soit continué avec les ressources ordinaires du budget annuel.

M. Carrafang est désigné comme rapporteur du programme complémentaire des travaux de construction de routes et chemins.

Travaux maritimes

Achèvement du programme primitif. — L'achèvement du programme primitif engage les fonds du nouvel emprunt jusqu'à concurrence d'une somme de 7,081,600 fr. dont la répartition par département, au prorata des dépenses prévues serait :

Département d'Oran	2.754.000
— d'Alger.	2.360.600
— de Constantine . .	1.967.000
Total	7.081.600

La commission approuve cette répartition.

Travaux complémentaires

Port de Nemours. — Dépense prévue : 2 millions.

M. de Solliers craint que cette dépense ne soit l'amorce d'une dépense plus considérable. Il ressort en effet des explications fournies à ce sujet par l'administration dans la brochure distribuée aux membres des délégations que l'aménagement à Nemours d'un bassin capable de recevoir et d'abriter des navires nécessiterait une dépense de 9 millions environ. Les 2 millions prévus ne permettront la construction que de la jetée est. Or l'importance du port de Nemours ne saurait justifier un tel sacrifice. Le trafic en est réduit. Il n'est susceptible que d'un développement limité, et d'autre part, les travaux ne seraient facilités par aucune disposition naturelle de la côte.

M. H. Robert fait observer que la construction du chemin de fer de Tlemcen à Beni-Saf, comprise par la commission parmi les travaux de 1re urgence, aura pour effet d'accroître d'une façon notable l'importance du port de Beni-Saf. Ce port deviendra le débouché naturel des produits de la région de Tlemcen. On ne voit pas, dans ces conditions, quelle utilité pourrait présenter l'aménagement du port de Nemours situé à 8 kil. seulement de Beni-Saf. Ne serait-il pas plus opportun de réserver pour ce dernier port la totalité du commerce des territoires environnants ?

M. Carrafang appuie ces observations. Il estime que l'effort financier à consacrer au port de Nemours pourrait être sensiblement réduit. Ce port pourrait n'être doté que d'une simple estacade. On importerait par contre de faire un sacrifice analogue à Port-Say de façon à permettre à ce port de drainer à lui une partie du trafic dont profite actuellement l'Espagne. L'administration pourrait être invitée à présenter un projet dans ce sens.

M. ROBERT est d'avis qu'on ne saurait faire de Nemours qu'un port abri.

M. DURET appuie cette opinion. Mais il pense qu'un sacrifice de 2 millions ne serait pas superflu pour opérer cette transformation. Il ne faut pas perdre de vue en effet que Nemours est le seul débouché actuel des produits de la région de Nédromah et de Marnia et que l'insuffisance de ce port a rendu jusqu'ici impossible l'exploitation de gisements de zinc et de calamine qui ont été découverts sur les territoires environnants.

M. GODARD, commissaire du gouvernement, insiste sur l'importance du port de Nemours au point de vue du commerce avec le Maroc par Oujda.

M. SABATIER se déclare l'adversaire de la multiplicité des ports. Il n'en désirerait qu'un nombre restreint à la condition qu'ils fussent bien outillés et desservis par des voies perpendiculaires à la côte.

M. GODARD, commissaire du gouvernement, déclare que l'administration n'a jamais songé à donner à Nemours l'outillage d'un grand port. Elle propose de le doter simplement d'une jetée, d'une digue pour le protéger contre le vent du nord est, et permettre aux trafiquants d'opérer à l'abri l'embarquement et le débarquement de leur marchandise. On utilisera pour la construction de la digue les déblais provenant des travaux actuellement effectués pour ménager à la rivière qui traverse la ville un nouveau lit, travaux rendus nécessaires par la récente inondation dont chacun a conservé le souvenir.

MM. LISBONNE, SABATIER, H. ROBERT, BOUCHÉ, JOURDAN et DURET proposent de maintenir le crédit de 2 millions prévus pour l'aménagement du port de Nemours sous la réserve formelle que ce crédit sera consacré à la réalisation d'un projet d'ensemble et définitif.

MM. Bouché et Sabatier déposent une motion en ce sens.

M. Carrafang se rallie à cette proposition mais il voudrait qu'un effort fût également fait à Port Say.

M. de Solliers fait observer que, pour ce qui concerne Port Say, la commission ne saurait statuer puisque la question n'a pas été soumise à une étude préalable de l'administration.

La motion de MM. Bouché et Sabatier mise aux voix est adopté.

M. Duret est désigné comme rapporteur du programme des travaux maritimes.

Séance mardi, 19 mars, à 9 heures.

6e Séance. — Mardi 19 Mars 1907

La séance est ouverte à 9 heures, sous la présidence de M. Morinaud, assisté de M. Maréchal, vice-président et de M. Lisbonne, secrétaire.

M. Godard, commissaire du gouvernement, est présent.

M. de Solliers demande à formuler quelques observations au sujet des travaux maritimes.

Il rappelle que les chambres de commerce se procurent les ressources nécessaires au paiement de leur quote-part dans la dépense des travaux des ports, soit au moyen de taxes de péage, soit grâce au produit de la location de hangars abris qu'elles édifient sur les terres pleins qui leurs sont concédés.

M. de Solliers appelle l'attention de la commission sur les inconvénients que présentent ces hangars abris qui causent un encombrement des quais, fort gênant pour la majorité des commerçants. Il lui semble illogique de construire, comme on le fait à Alger, de nouveaux quais pour remédier à l'insuffisance des quais actuels, et de les concéder d'autre part, à la chambre de commerce qui les rendra indisponibles.

Il s'étonne au surplus que les quais, qui constituent une dépendance du domaine public, puissent être amodiés.

M. Sabatier fait remarquer que les concessions ne sont faites qu'à titre temporaire.

M. Godard, commissaire de gouvernement, estime justifiées les observations formulées par M. de Solliers.

Il pense qu'il faut contenir dans des limites raisonnables la superficie des quais concédés aux chambres de commerce. C'est ce que l'administration a fait pour les terres pleins de l'ancien port de l'Agha à Alger.

Il signale en outre, à ce propos, que les nouveaux môles qui seront construits dans le port d'Alger ne seront pas concédés à la chambre de commerce qui fournira la contribution à l'aide de taxes de péage.

M. Godard ajoute que certaines chambres de commerce jugent l'aménagement de hangars abris sur les quais des ports préférable à l'établissement de taxes de péage qui augmentent le coût du fret et entravent le développement du trafic.

M. Pinelli partage cette manière de voir. Selon lui, il y a intérêt, si les quais d'un port sont étendus, à en concéder une partie à la chambre de commerce et les hangars-abris rendront de grands services.

Après une observation de M. Marchis qui exprime l'avis qu'il ne faut pas exagérer les taxes de péage, sous peine d'alourdir le fret, la discussion est close.

Avec l'assentiment de la commission, M. Jourdan reprend l'examen du programme des travaux projetés dans le port de Nemours.

Dans sa précédente séance la commission de l'emprunt a adopté, à ce sujet, la motion suivante :

« La commission approuve le crédit de deux millions relalatif au port de Nemours, sous la condition expresse que l'administration présentera un projet d'ensemble et définitif, dont le coût, dans aucun cas, n'excèdera le montant de ce crédit. »

M. Jourdan fait connaître à la commission que l'étude approfondie qu'il a faite de la question l'a convaincu qu'un somme de deux millions ne permettra l'exécution d'aucun ouvrage utile dans le port de Nemours qui est battu par les vents de tous côtés, n'offre aucun abri naturel et dont les fonds, de 14 à 15 m. de profondeur, sont sablonneux.

L'aménagement de ce port nécessiterait un certain nombre de millions que, selon l'avis de M. Jourdan, il ne serait vraiment pas justifié de lui consacrer.

M. Jourdan, dans ces conditions, demande à la commission de rapporter la décision qu'elle n'a prise et de n'affecter aucune somme au port de Nemours.

M. de Solliers est d'accord avec M. Jourdan pour repousser le programme des travaux indispensables que l'administration semblait projeter d'entreprendre à Nemours.

Par contre il croit nécessaire de doter ce port des ouvrages rudimentaires dont il a besoin et que l'administration devra construire dans la limite d'un crédit de 2 millions qui à son sens ne devrait être augmenté en aucun cas.

M. Duret s'étonne que la commission recommence la discussion des travaux à effectuer dans le port de Nemours, discussion qui à la séance d'hier avait été très complète et avait abouti à l'approbation des travaux proposés par l'administration, savoir :

1° Construction de la jetée de l'est, de 430 mètres de longueur — destinée à abriter la rade contre les vents les plus dangereux ;

2° Création d'un terre-plein de 150 m. de longueur et 80 m. de largeur abrité derrière la jetée.

3° Construction d'un appontement en charpente métallique ou en béton armé, de 200 m. de longueur.

M. Duret insiste auprès de la commission pour qu'elle maintienne le vote qu'elle a émis.

M. Sabatier appuie les observations de M. Duret. Il fait remarquer que la commission n'a statué qu'après un examen très attentif de l'affaire et que sa décision a constitué une transaction.

A une question de M. Morinaud, M. Godard répond que les travaux ci-dessus indiqués sont indispensables pour développer le trafic du port. Il rappelle, en outre, que le projet présenté par l'administration comporte le détournement de l'oued Morsa dont les déblais serviront à construire le terre-plein. Les crédits demandés permettront donc également de protéger la ville contre les inondations.

MM. Marchis et Lisbonne estiment qu'en présence de cette dernière considération invoquée par M. le commissaire du gouvernement, il n'y a pas lieu d'hésiter à voter le crédit de 2 millions qui est sollicité.

M. Tedeschi signale à la commission les avantages qui résulteront de la création du port de Nemours.

Ce port est le plus rapproché du Maroc : il est, depuis la conquête, le débouché de cette région.

Il importe donc de l'aménager en vue de favoriser la pénétration pacifique de la France au Maroc. D'autre part, entre Nedroma et Nemours s'étend une vaste plaine, très fertile qui sera mise en valeur lorsque l'évacuation des produits sera assurée par le port de Nemours.

Sur la proposition de M. Morinaud, la commission confirme l'affectation d'une somme de 2 millions au port de Nemours, mais en indiquant expressément à nouveau que ce crédit ne devra pas être dépassé.

La commission aborde, ensuite, l'étude du programme des travaux hydrauliques à effectuer au moyen des fonds du nouvel emprunt.

M. le Président résume ce programme qui comporte :

1° l'achèvement du programme primitif dressé en vue de l'emploi de l'emprunt de 1902. . . .	6.967.240
2° l'exécution de travaux complémentaires.	3.700.000
Total. . . .	10.667.240

Cette somme se répartit entre les trois départements de l'Algérie de la façon suivante :

Département	d'Oran.	4.375.240
—	d'Alger	2.428.000
—	de Constantine . .	3.864.000

Sur la proposition de M. le Président, la commission examine tout d'abord les travaux d'Oran.

M. Sabatier dépose un vœu tendant à augmenter la dotation de ce département d'une somme de 100,000 francs destinée à l'alimentation des centres de Legrand et de St-Louis.

Il fait connaître que ces villages, créés en 1848, n'ont jamais été dotés d'un système d'alimentation en eau potable satisfaisant. Les habitants, dont il lit une requête ne disposent que d'une eau saumâtre et malsaine qu'ils doivent puiser à des profondeurs variant de 18 à 33 mètres. M. Sabatier insiste sur la nécessité de remédier à cette situation en utilisant les eaux de la nappe d'Assi-ben-Okba, distance de 6 kilomètres seulement de St-Louis et de Legrand.

Pour permettre l'exécution des travaux de captage et d'adduction de ces eaux — travaux qui excèdent les modestes ressources budgétaires des communes intéressées — il demande que la colonie prenne à sa charge une partie de la dépense, ainsi qu'elle l'a fait en ce qui concerne l'alimentation en eau potable des villages de la plaine de Perrégaux.

MM. de Solliers et H. Robert, tout en approuvant le vœu de M. Sabatier, fond remarquer qu'il pourra être plus utilement examiné au moment de la discussion du programme de la colonisation qui prévoit l'affectation de 3 millions à l'amélioration des anciens centres.

M. H. Robert ajoute que le budget de l'hydraulique ne participera qu'à titre exceptionnel aux dépenses des travaux d'eau intéressant les centres de la plaine de Perrégaux, en considération de ce fait que ces villages sont actuellement alimentés par le barrage, et que par suite, le dévasement de cet ouvrage ne pourra être entrepris que lorsque l'alimentation en eau potable de ces agglomérations aura été assurée par un autre système.

Sur la proposition de M. Morinaud, le vœu de M. Sabatier auquel la commission se montre d'ailleurs favorable, est réservé jusqu'à l'examen du programme de la colonisation.

M. Bonnefoy a relevé dans la notice sur le projet du nouvel emprunt cette indication que les eaux du barrage de la Djidiouïa servent à l'irrigation de 2,767 hectares. Il demande s'il s'agit de la surface irriguée, ou bien de la surface irrigable.

M. Godard, commissaire du gouvernement, lui répond qu'il s'agit de l'étendue irrigable. D'ailleurs, actuellement, le barrage est complètement envasé.

Après ces observations, le programme des travaux d'Oran est adopté.

La commission passe ensuite à l'examen du programme du département d'Alger.

M. Berard dépose deux vœux :

L'un tend à porter 205,000 fr. à 250,000 fr. la contribution de la colonie dans la dépense de dessèchement de Boufarik et de la rive droite de la Chifla ; l'autre à élever également, la participation de la colonie dans les travaux de défense de Boufarik contre les inondations de 75,000 à 90,000 francs.

M. Berard fait observer, à l'appui du premier vœu, que les propriétaires intéressés sont disposés à fournir une quote-part importante ; à l'appui du second, que la commune de Boufarik se trouve actuellement par suite des grosses dépenses qu'elle a consenties pour l'instruction publique, dans une situation financière assez difficile qui ne lui permet pas de fournir la somme de 35,000 fr. laissée à sa charge.

M. Lisbonne demande quel est le chiffre total de la dépense des travaux de dessèchement de Boufarik.

M. Godard, commissaire du gouvernement, répond que cette dépense est évaluée à 400,000 fr. Il ne formule aucune objection au sujet des deux vœux de M. Bérard qui sont adoptés par la commission.

M. Gobel désirerait savoir si l'administration ne projette pas d'exécuter des travaux de défense contre les crues du Boudouaou et de l'oued Isser.

M. Bouché ajoute que depuis une quinzaine d'années les propriétaires de l'Isser demandent à être protégés contre les débordements de la rivière.

Il rappelle que divers ouvrages avaient été construits par les colons de Thiers et de Palestro qui avaient formé — sur ses conseils — une association syndicale, mais qu'ils ont été emportés par les crues.

M. Bouché estime que la réfection en devrait être faite aux frais de la colonie.

M. Godard, commissaire du gouvernement, répond qu'il n'a encore été saisi d'aucune réclamation par les propriétaires du Boudouaou.

En ce qui concerne la plaine des Issers, divers travaux sont en cours d'exécution ou seront ultérieurement entrepris au moyen des crédits du budget ordinaire.

M. Bouché croit que des travaux de reboisement en montagne constitueraient les mesures de protection les plus efficaces.

M. Godard, commissaire du gouvernement, partage cette manière de voir.

Sur une question de M. Gobel, M. Godard fait connaître que les travaux sur l'oued Djenan seront payés sur le budget ordinaire.

M. Delphin craint que les travaux de dessèchement du lac Halloula ne se trouvent retardés par les difficultés que présentera la constitution d'une association syndicale entre les propriétaires.

Il demande à M. le commissaire du gouvernement si cette association ne pourrait pas être formée d'office.

M. Godard répond affirmativement, sans toutefois dissimuler les obstacles auxquels se heurterait l'administration si elle tentait cette opération.

Il rappelle que jusqu'à ce jour les propriétaires riverains du lac Halloula ont refusé de former un syndicat.

Mais il ajoute qu'actuellement la constitution d'une association syndicale offre quelques chances de réussite : les terres sont en effet passées aux mains de propriétaires qui paraissent s'y montrer favorables.

M. Godard tient à affirmer nettement que les travaux, conformément à une règle constante, ne seront entrepris qu'après la création d'un syndicat.

MM. Gobel et Bérard font connaître que les colons sont disposés à faire preuve de bonne volonté, et qu'une association est en voie de formation.

M. Sabatier estime que l'état, propriétaire du lac Halloula — en vertu des dispositions de la loi du 16 juin 1851, — doit en effectuer le dessèchement. Il s'agit en effet d'un travail d'hygiène publique, et la colonie a le devoir d'assurer la santé des colons qu'elle a placés dans cette région.

L'entretien des ouvrages serait assuré par un syndicat intercommunal, plus facile à créer qu'un association entre les propriétaires intéressés, et qu'il appartient à l'administration de constituer en usant de l'initiative que lui confère la loi du 22 décembre 1888.

M. Sabatier insiste pour que l'administration se serve des moyens que lui confère cette loi.

M. Rivaille rappelle qu'une commission avait été réunie par M. Laferrière et avait conclu au percement d'un tunnel, en exprimant toutefois le vœu que l'exécution de ce travail fût subordonnée à la constitution d'une association syndicale.

Pendant 3 années, M. Rivaille a travaillé à former ce syndicat, sans y réussir. Il indique les causes de son insuccès, qui tiennent à l'absentéisme des propriétaires.

Ceux-ci louent leurs terres à des fermiers — espagnols en majorité — qui sont pour la plupart sans ressources et qui refusent d'autant plus de participer au dessèchement du lac que les travaux seront, en définitive, avantageux principalement pour les propriétaires.

M. Rivaille demande l'augmentation de la quote part de la colonie, fixée à 800,000 francs sur une dépense totale de 1,200,000 francs.

M. Bouché pense qu'en raison de l'importance que présente pour l'assainissement de la région le dessèchement du lac Halloula, la colonie doit contribuer aux travaux nécessaires dans une large mesure.

Mais les propriétaires des terrains voisins, qui y sont également intéressés, ne sauraient être libérés de toute participation à la dépense.

M. Bouché s'élève à ce propos contre la conception sociale qui tend à substituer l'administration aux initiatives privées.

Selon lui l'administration doit se borner à aider les particuliers et à coopérer à leurs efforts, sans y suppléer.

M. Godard, commissaire du gouvernement, indique que loi du 22 décembre 1888, à laquelle s'est référée M. Sabatier, dispose, entre autres conditions que, toute association syndicale formée pour des travaux de dessèchement doit réunir l'adhésion de la majorité des intéressés, représentant au moins les 2/5 de la superficie des terrains ou celle des 2/3 des intéressés représentant au moins la 1/2 de la surface des terrains.

Il pense que ces conditions pourront être remplies.

M. Delphin, dans le but d'encourager les colons à constituer un syndicat, dépose un amendement tendant à élever de 800.000 francs à un million la part de l'état dans la dépense des travaux.

Mais d'accord avec M. Godard, et à titre de transaction, il accepte que le relèvement de la contribution de la colonie soit limité à 900.000 francs.

Ainsi modifié, le vœu de M. Delphin est adopté. Sous réserve des augmentations de crédit votées par la commission, le programme des travaux d'Alger est approuvé.

En ce qui concerne le département de Constantine, M. le Président rappelle que la commission a décidé de retrancher du programme de ce département les travaux d'assainissement de la place de Zeramna à Philippeville pour affecter le crédit correspondant de 150.000 francs à la construction du chemin en bordure de la mer de Philippeville au Filfila.

M. J. Cuttoli retient l'attente de la commission sur les dangers qui résultent pour la ville de Batna des crues de l'Oued Azeb qui chaque année et souvent à plusieurs reprises inondent une zone de 250 hectares où se trouvent des jardins potagers et fruitiers, des maisons d'habitations, les gares de chemin de fer; parfois même ces crues ont causé la mort de plusieurs personnes.

Il regrette que l'administration, pour parer à ces dangers, ait substitué un projet d'agrandissement du canal construit autrefois par le génie au projet que le service technique avait primitivement dressé et qui comportait la construction d'un barrage réservoir sur l'oued-Azeb.

M. J. Cuttoli demande l'exécution de ce dernier projet qui avait d'ailleurs été compris dans le programmes d'emploi des fonds de l'emprunt contraté en 1902,

M. Godard, commissaire du gouvernement, explique que le projet de barrage réservoir sur l'oued Azeb a été abandonné à la suite d'une étude très complète qui a fait ressortir que cet ouvrage ne pourrait pas être construit dans des conditions telles que tous risques de rupture fussent écartés et que dès lors la ville de Batna serait menacée de destruction.

M. Godard ajoute que le barrage réservoir, en raison de sa faible contenance inférieure à un million de mètres cubes, n'eut pas protégé efficacement Batna.

MM. J. Cuttoli et Bonnefoy font remarquer que la rupture d'un barrage de cette capacité ne saurait avoir des conséquences aussi graves que celles signalées par M. Godard.

Ils ne s'étonnent pas au surplus de voir abandonner le projet de ce barrage, sachant l'hostilité systématique du service des ponts et chaussées à l'égard de ce genre d'ouvrage.

MM. J. Cuttolli et Bonnefoy insistent pour que le projet primitif des travaux de défense de Batna soit repris.

Ils n'oublient pas que la dépense évaluée à 690,000 francs est supérieure à celle du second projet qui ne s'élève qu'à 350,000 francs.

Mais ils font remarquer que le barrage réservoir ne servirait pas seulement à protéger Batna contre les inondations. Elle permettrait encore d'irriguer une importante superficie de laplaine de Batna, si fertile lorsqu'elle peut être arrosée.

Dans ces conditions, le supplément de dépense qu'occasionnerait le premier projet serait largement compensé par les avantages à en attendre.

M. Godard, commissaire du gouvernement, expose que l'utilité de construire un barrage réservoir en vue de l'irrigation de la banlieue de Batna n'est rien moins démontrée. Il ne tombe en effet dans la région de Batna que des pluies d'orage, de sorte qu'il n'est pas possible de constituer régulièrement une réserve d'eau. De plus les orages se produisent ordinairement à une époque où les irrigations ne peuvent plus se faire utilement.

M. Godard tient à déclarer à nouveau que l'administration ne saurait prendre la responsabilité d'établir à Batna un barrage qui ferait courir à la ville de sérieux dangers.

MM. Lisbonne et de Solliers estiment qu'en présence de cette déclaration de M. le commissaire du gouvernement, la commission ne peut pas accueillir la demande de MM. Bonnefoy et J. Cuttoli.

M. Lisbonne ajoute que le service des ponts et chaussées n'est pas opposé de façon absolue, comme on l'a dit, à l'établissement de barrages.

Ainsi il avait tout d'abord songé à protéger Bel-Abbès contre les inondations au moyen d'un ouvrage de ce genre, et il n'a renoncé à son projet qu'après avoir reconnu qu'il serait inefficace.

M. Lisbonne ne verrait pas d'inconvénient à élever la quote-part de l'état dans les travaux de défense de Batna, tels qu'ils sont indiqués par l'administration.

M. Sèbe exprime le même avis.

M. Godard estime que la dépense du projet présenté par l'administration, évaluée à 350,000 francs, pourra être ramenée à la somme de 300,000 francs.

Il ne formule aucune objection contre l'augmentation de la subvention de la colonie, fixée à 150,000 francs.

M. Morinaud souligne la nécessité de protéger Batna contre les inondations et propose d'accorder dans ce but une somme de 300,000 francs.

Cette proposition est adoptée.

M. Marchis demande également l'augmentation de la subvention de la colonie pour les travaux de dessèchement des marais d'Hippone et des environs immédiats de Bône, travaux qui sont absolument indispensables et urgents.

M. Godard reconnaît qu'il sera difficile de faire concourir une association syndicale à la dépense du projet.

Il propose de porter de 180,000 à 250,000 francs la subvention de la colonie.

Cette proposition est approuvée.

Sous réserve des modifications qu'elle a votées, la commission adopte le programme des travaux de Constantine.

M. Morinaud demande à M. le commissaire du gouvernement de bien vouloir faire connaître à la commission les intentions de l'administration au sujet du dessèchement du lac Djendeli.

Une société, a en effet, proposé de faire ce dessèchement en établissant un canal qui permettrait l'irrigation de la plaine d'Aïn-M'lila, si la colonie de son côté lui consentait la concession d'une certaine étendue de terrains domaniaux.

M. Morinaud a constaté que les grandes sociétés, et il cite à titre d'exemple, la compagnie genévoise et la compagnie algérienne, se contentent de faire des opérations avantageuses pour leurs actionnaires, sans donner satisfaction aux exigences de l'intérêt public.

Aussi demande-t-il que le dessèchement du lac de Djendeli soit effectué par l'administration si l'entreprise doit-être fructueuse.

M. Godard lui répond que le succès de l'opération sera subordonné au dessalement des eaux, qui est aléatoire.

La société visée par M. Morinaud, pourrait néanmoins la tenter, malgré les risques qu'elle comporte, si ses conditions étaient acceptées. Les terrains domaniaux qu'elle convoite rapportent en effet à l'état 40.000 fr. par an et l'exploitation du sel donnerait 7.000 francs ; soit un bénéfice annuel de 47.000 francs qui lui serait d'ores et déjà assurée.

Mais l'état ne saurait entreprendre les travaux pour son compte sans des études préalables.

En présence de ces explications, la commission adopte

un vœu de M. Morinaud tendant à ce que l'administration procède à ces études.

La commission décide, suivant un vœu de M. Carrafang, d'ajouter au programme des routes du département d'Oran à construire sur le nouvel emprunt le chemin d'Aïn-Fekan à Ouïzert.

Enfin un vœu est déposé au nom de M. L. Robert qui sollicite l'inscription du chemin d'Ammi-Moussa dans le programme des travaux à exécuter au moyen de fonds de second emprunt.

Le vœu est remis aux représentants d'Alger dans la commission de l'emprunt, qui feront connaître leur avis à la prochaine.

La commission décide de confier à M. Sabatier, qui accepte, le rapport sur les travaux hydrauliques.

La séance est levée à 11 heures 1/2.

7e Séance. — Mercredi 20 mars 1907

La séance est ouverte à 9 heures, sous la présidence de MORINAUD, président, assisté de M. MARÉCHAL, vice-président, et de M. LISBONNE, secrétaire.

MM. DE SAINT-GERMAIN et GODARD, commissaires du gouvernement sont présents.

Le procès-verbal de la dernière séance est lu et adopté.

La commission termine l'examen du programme des routes et chemins. M. Gobel propose à la commission le classement des travaux ci-après dans le programme complémentaire concernant le département d'Alger :

1° Pont pour la traversée de l'oued Chiffa	135.000
2° Chemin du boulevard Bon-Accueil, à El-Biar	300.000
3° Chemin d'Azazga à Akbou	350.000
4° Chemin de Dra-el-Mizan à Michelot	200.000
5° Chemin de Bou-Medfa à Médéa	200.000
6° Chemin de Courbet à Dellys	200.000
7° Chemin de Dellys à Port-Gueydon	300.000
8° Chemin n° 27, d'Aumale à Bouïra	160.000
9° Chemin de Masséna à la limite du département d'Oran	150.000
Total	1.995.000

M. BERARD demande l'adjonction d'un pont à construire sur l'oued Djer dont l'établissement entraînerait une dépense de 25,000 francs.

M. DELPHIN appuie cette proposition. Ce pont assurerait des communications plus directes aux fermes situées au delà d'El-Affroun dont les habitants ne peuvent actuellement rejoindre les grandes voies de trafic sans faire un détour considérable.

M. Godard, commissaire du gouvernement, ne se rend pas exactement compte du point précis où ce pont doit être établi. Il en existe un près d'Attatba, un second près d'El-Affroun ; il suppose que celui qui est demandé doit être placé entre les deux premiers. Il estime, d'ailleurs, que ce pont rendrait de grands services.

Sur la proposition de M. le président, la question est réservée jusqu'à demain pour permettre à M. Godard de renseigner l'assemblée, qui se prononcera en toute connaissance de cause.

M. Hippolyte Giraud demande à être entendu par la commission au sujet du pavage d'une partie de la route d'Oran à Mascara. Le charroi sur cette voie est considérable ; l'entretien en est excessivement coûteux et il serait nécessaire de la paver au moins entre Oran et la Sénia. Il demande à la commission de vouloir bien réserver, sur les fonds de l'emprunt, un crédit qui permît d'amorcer le travail et qui pourrait être fixé, selon lui, à 500,000 francs.

M. Duret dépose, dans ce sens, un amendement. Il déclare que le pavage demandé par M. Hippolyte Giraud est de la plus grande nécessité.

M. Godard, commissaire du gouvernement, émet le même avis.

M. Berard propose de tenir compte des considérations de MM. Hippolyte Giraud et Duret : mais il estime que la somme fixée par eux est trop élevée. Il conviendrait de la réduire à 200,000 francs. M. Duret se rallie à cette motion qui est adoptée.

M. Marchis voudrait voir également classer dans le

programme des travaux complémentaires la construction d'un pont sur l'Oued Kebir dans la commune mixte des Beni Salah. Ce pont dont le prix de revient est évalué à 40.000 francs est de toute première nécessité pour les habitants de la région qui sont complètement bloqués l'hiver, quand la plaine est submergée, faute d'un pont sur l'Oued Kebir.

M. Godard, commissaire du gouvernement, reconnaît l'utilité du pont qui n'a pu être classé par l'administration en raison de l'insuffisance des crédits.

La proposition de M. Marchis est adoptée ainsi qu'une motion de M. Pinelli tendant à imputer sur les fonds du deuxième emprunt la dépense qu'occasionneraient les travaux d'assainissement de la plaine de Philippeville. Ces dépenses qui forment un total de 30,000 francs, de l'avis de M. le commissaire du gouvernement, ne peuvent être imputées sur le crédit ordinaire de l'hydraulique agricole.

On passe ensuite à l'examen des majorations de dépenses d'entretien qui incomberont au budget ordinaire après l'achèvement des travaux neufs prévus au programme.

M. Morinaud remarque que ce crédit n'est pas augmenté du fait des adjonctions admises par la commission, celles-ci n'affectant ni les routes nationales, ni les ports.

Le crédit, s'élevant à 1,433,000 francs, ne donne lieu à aucune autre observation.

En ce qui concerne le délai d'exécution des travaux publics compris au programme du deuxième emprunt, fixé à 10 années, aucune observation n'est présentée ; M. Lisbonne exprime cependant le désir que les travaux soient conduits et achevés aussi rapidement que possible.

M. Godard, commissaire du gouvernement, en donne l'assurance à la commission, mais il estime qu'il ne faut pas augmenter d'une façon anormale le personnel employé aux travaux.

Sous bénéfice de ces considérations, l'assemblée entreprend l'étude des travaux concernant la colonisation.

Colonisation

M. de Saint-Germain, commissaire du gouvernement, résume l'économie du programme de l'administration qui s'élève à 15,000,545 francs.

Sur cette somme, 10,000,000 sont destinés à l'exécution de projets non réalisés sur le 1er emprunt, le surplus, soit 5,000,000, à des créations et des améliorations nouvelles M. de Saint Germain croit devoir aviser la commission qu'en ce qui concerne les centres pour lesquels des acquisitions de terrains doivent être faites, les projets de l'administration présentent une certaine part d'aléas. Il ne faut pas oublier en effet que souvent les pourparlers entamés avec les collectivités pour les achats de terres n'aboutissent pas.

M. Carrafang dit qu'aux points où l'on crée des centres il existe toujours, en dehors des terres acquises pour le lotissement, des espaces disponibles qu'on devrait réserver pour agrandir plus tard les concessions ou le village.

Jusqu'à l'époque de leur utilisation ces terrains seraient loués aux indigènes. Ils seraient mis en vente au moment propice et on en tirerait sûrement un prix rémunérateur. Ce système pratiqué à Prévost-Paradol a fort bien réussi.

M. de Saint-Germain, commissaire du gouvernement, déclare que le procédé indiqué par M. Carrafang est suivi par l'administration partout où, des concessions ayant été abandonnées, elle possède de terrains disponibles.

M. de Solliers voudrait voir la métropole participer aux dépenses de la colonisation puisque les 2/3 des concessions sont réservées à des immigrants français.

M. GOBEL partage cette manière de voir ; il voudrait que la proportion des concessions respectivement réservées aux immigrants et aux algériens fût renversée que ces derniers se voient attribuer les 2/3 des concessions le surplus, 1/3, étant destiné aux immigrants français. La population algérienne s'est considérablement augmentée. Il est nécessaire de donner aux fils de colons, que ne peut plus nourrir la concession attribuée à leur père et devenue insuffisante, les terrains dont ils ont besoin sous peine de les voir se tourner vers les emplois de l'administration au grand détriment de la colonisation. Il est d'ailleurs inutile de réserver un nombre si considérable de lots aux immigrants français qui ne viennent pas en prendre possession.

M. Gobel dépose la motion suivante : le rapporteur spécial de la commission devra conclure à l'augmentation de la proportion des colons algériens dans les nouveaux centres. Cette proportion devra être portée au moins à 50 %. Les concessions attribuées à des métropolitains et refusées par ces derniers devront être données après cet insuccès à des colons algériens.

M. SÈBE appuie les observations de M. Gobel, cependant il ne pense pas qu'il soit prudent d'abaisser à 1/3 la proportion des concessions réservées aux immigrants. Il lui paraît en effet nécessaire d'attirer en Algérie des français pour lutter contre l'envahissement de l'élément étranger.

M. BOUCHÉ partage la manière de voir de M. Gobel et trouve que le choix des colons venus de France est parfois défectueux.

M. MARÉCHAL estime qu'il ne faut pas exagérer les principes posés par M. Gobel. Il lui paraît indispensable d'attirer des français dans la colonie ; seulement il faut exiger que ce soient des cultivateurs, possédant les certificat prévus par les règlements et surtout disposés à rester dans les centres. Le nombre des immigrants qui abandonnent leurs concessions est considérable dit-on et s'élève à 60 0/0, mais le nombre des défections est aussi élevé parmi les algériens. Cela tient surtout à ce que les périmètres de colonisation sont souvent mal choisis, que les lots sont composés de terres qu'il est impossible de cultiver. A Rochambeau, à deux reprises des colons venus de France ont refusé les concessions qu'on leur offrait. On oblige dit-il le concessionnaire à défricher ; or il ne peut exécuter ce travail lui-même, il doit recourir à des équipes spéciales qui mettent très souvent deux années pour accomplir le travail. Pendant ce laps de temps le colon tenu de résider sur sa concession est condamné à l'oisiveté. Il dépense son argent et lorsque sa concession défrichée lui est remise il n'a plus rien pour la mettre en valeur : il est ruiné. Le colon ne devrait pas être obligé en fait de résider sur sa concession. Il ne devrait faire partie du village que nominalement tout en étant autoriser à aller chercher ailleurs du travail.

M. Bouché déclare qu'une des grandes erreurs en matière de colonisation est d'avoir voulu faire du peuplement avec des gens sans ressources auxquels on a attribué de trop petites concessions. Sans tomber dans les exagérations de la Tunisie, on eut dû concéder de grands espaces car en Algérie la petite culture est condamnée à l'impuissance, en dehors des banlieues des villes.

M. de Saint-Germain, commissaire du gouvernement, estime que le remède à la situation qui vient d'être signalée n'est pas celui qui est indiqué par M. Gobel dans la motion qu'il a déposée. Il faudrait pour obtenir un résultat, modifier le décret de 1904 sur la colonisation. Mais il semble impossible qu'on songe à réformer le système établi par ce décret avant qu'il ait été constaté qu'il est mauvais ; or l'expérience commence à peine. Les délégations avaient demandé la substitution du système de la vente au système de la concession, l'administration a suivi cette indication. 3 ventes ont déjà eu lieu ; elles serait prochainement suivies d'une 4e et ce procédé d'attribution des terres de colonisations permet de favoriser les algériens et d'augmenter le nombre des concessions qui leur sont attribuées : au bout d'un an, en effet, l'administration peut vendre de gré à gré les lots qui n'ont pas trouvé preneur.

Il est possible à ce moment aux algériens d'acheter les concessions qui n'ont pas été acquises par des colons français. En ce qui touche la question de la résidence il faut à son sens se garder de généraliser des cas particuliers.

En résumé il ne convient pas encore de réformer le régime inauguré en 1904. L'administration suivant les indications des délégations forme des lots plus étendus, atteignant 150 hectares, et vend chaque fois qu'il est possible les lots au lieu de les donner gratuitement. Il convient donc de lui faire crédit.

M. Maréchal insiste sur les inconvénients de l'obligation de résidence qu'il convient d'atténuer dans la plus large mesure. Il insiste cependant pour que l'acheteur des concessions vendues à bureau ouvert soit tenu d'habiter ou de faire habiter par son remplaçant le terrain acheté sauf à lui accorder le bénéfice demandé pour les autres concessionnaires, l'important étant à ce point de vue que les concessionnaires des deux catégories, résident nominativement dans leur commune et efféctivement à proximité. En ce qui concerne le défrichement M. Maréchal estime que dans certains cas, s'il était fait en partie par l'administration, à titre onéreux pour le concessionnaire, il assurerait dans une très large mesure la réussite de la colonisation. Un concessionnaire qui trouverait dans sa concession de 40 hectares, 15 hectares à défricher se mettrait de suite au travail et tirerait de cette première exploitation des ressources lui assurant des moyens immédiats d'existence. Il rappelle toute l'attention de l'administration sur cette question qui ne lui paraît pas incompatible avec les moyens financiers, étant donné que la dépense nécessitée ne le serait qu'à titre d'avance remboursable par le bénéficiaire.

Enfin, en ce qui concerne les ventes, celles-ci devraient à son avis, avoir lieu au chef lieu de l'arrondisssement et non à celui du département. On éviterait par ce moyen toutes les opérations qui se pratiquent actuellement en sous-main.

M. Jourdan croit que ces questions qui présentent d'ailleurs le plus vif intérêt dépassent le cadre de celles que la commission doit étudier.

M. de Solliers estime au contraire que les discussions qu'elles ont soulevées sont de nature à éclairer les membres de la commission sur l'utilité des projets présentés.

M. Marchis comme conclusion du débat qui vient de se produire propose d'adopter la motion de M. Gobel complétée par une disposition spécifiant que les ventes de terres de colonisation devront avoir lieu à l'avenir au chef-lieu d'arrondissement.

M. le Commissaire du gouvernement est hostile à l'adoption de cet amendement qui aurait pour conséquence d'obliger les acquéreurs à des déplacements coûteux et considérables. Il a étudié déjà la question et après mûr examen, il ne lui a pas paru possible de faire procéder aux ventes au chef-lieu d'arrondissement.

Après un échange d'observations entre MM. Maréchal, Marchis et le commissaire du gouvernement, MM. Maréchal et Marchis retirent leur amendement.

La motion de M. Gobel est adoptée.

MM. Henri Robert et Maréchal déposent la motion suivante :

« La commission préoccupée de la situation difficile des concessionnaires qui ne peuvent mettre leurs terres en valeur qu'au bout de 2 ou 3 années et qui pendant ce temps ne trouvent pas sur leur concession des ressources suffisantes, appelle l'attention de l'administration sur la nécessité de concéder des terres défrichées pour partie à concurrence de 15 à 20 hectares.

Elle indique comme moyen d'arriver à ce défrichement l'emploi de la main-d'œuvre des condamnés indigènes, conformément aux dispositions du décret sur les tribunaux répressifs. »

M. Carrafang propose d'employer aussi à ce travail les condamnés aux travaux publics.

M. Maréchal préfèrerait la mise des travaux de défrichement en adjudication avec faculté pour l'adjudicataire d'employer les condamnés.

Ce système pour M. Lisbonne présente l'inconvénient de grever considérablement le budget.

M. le Commissaire du gouvernement rappelle qu'un essai de défrichement a été fait il y a quelques années, 3 systèmes ont été expérimentés : dans un département on a fait défricher par le service des ponts et chaussées, dans un autre par les condamnés de Lambèse, enfin dans le troisième les travaux ont été mis en adjudication.

Les résultats ont été déplorables : dans les villages où les terres avaient été ainsi défrichées, la proportion des colons qui restaient sur leur concession n'a pas été plus élevée que dans les autres. L'emploi des condamnés est, pense-t-il, voué à l'insuccès : les frais de surveillance seront très élevés et la besogne, faite par des gens inhabiles, n'avancera que très lentement.

A la suite de ces observations, la deuxième partie de la motion de MM. Maréchal et Henri Robert est retirée par leurs auteurs et la première partie mise aux voix est adoptée.

MM. Morinaud et Maréchal voudraient qu'en ce qui touche cette question, M. le rapporteur général indiquât, dans son rapport, que l'administration devra prélever sur les sommes réservées aux achats de terre pour la colonisation les fonds nécessaires pour faire des essais de défrichements.

M. Marchis est hostile à cette proposition ; la commission demande des travaux nouveaux, elle doit donc prévoir les crédits pour les exécuter.

M. de Solliers explique qu'on ne fera pas des défrichements partout, qu'il s'agit seulement de reprendre les essais déjà tentés.

Après un échange d'observations entre MM. Bouché, Marchis et le commissaire du gouvernement qui déclare que le crédit prévu pour les achats de terres lui paraît suffisant pour permettre le prélèvement des sommes nécessaires aux essais de défrichements, la commission examine le programme des travaux classés pour chaque département.

Le total des dépenses prévues pour le département d'Oran s'élève à 3,335,000 fr. ainsi répartis : achats de terres, 1,693,000 fr. ; travaux 1.518.000.

M. Carrafang constate que l'administration a compris seulement deux créations de centres dans la région de Saïda, ce qui est, à son avis, insuffisant.

M. le Commissaire du gouvernement fait remarquer qu'un certain nombre de créations figurent au programme du premier emprunt pour cette région.

M. Carrafang dépose un amendement à l'effet de relever de 150,000 fr. le crédit réservé pour les créations de centres à Oran, pour permettre l'installation d'un village à Aïn-el-Amra.

Sur une observation de M. Morinaud qui estime qu'il serait préférable de prélever sur les crédits ordinaires du budget la somme demandée, M. Carrafang retire sa motion.

Pour le département d'Alger, le total des dépenses s'élèvent à 3,176,200 francs soit 1,932,200 francs pour les acquisitions de terres et 1,168,000 francs pour les travaux.

MM. Gobel et Bérard demandent quel est l'état de la question des achats de terrains dans la région de Berrouaghia-Médéa.

M. le Commissaire du gouvernenent, indique que rien n'a été fait en ce qui concerne le centre du Tléta des Douairs et que pour le centre d'Aïn-Tsarès l'administration, malgré son désir d'aboutir rapidement, n'a pu acheter encore en raison des lenteurs des formalités administratives et des difficultés qu'entraine l'attribution d'indemnités en argent et de terrains de compensation.

M. Gobel signale que l'administration trouverait d'excellentes terres pour la colonisation dans la plaine qui s'étend de Bir-Rabalou vers Berroughia.

M. le Commissaire du gouvernement prend acte de cette indication.

Les dépenses prévues pour le département de Constantine ne donnent lieu à aucune observation.

M. Sèbe exprime toutefois le désir que l'administration étudie un projet de création de centre à Magra.

M. le Commissaire du gouvernement déclare que l'administration ne dispose plus de terrains sur ce point, ceux qui avaient été séquestrés à la suite de l'insurrection de 1871 ayant été rétrocédés aux djemaas.

Après un échange de vues entre MM. Sèbe, Morinaud, de Solliers et le Commissaire du Gouvernement, au sujet du rachat des terres de la compagnie Genévoise et de l'extension de la colonisation autour de Sétif, la commission s'occupe du programme des routes nouvelles pour la colonisation.

Est renvoyé à demain une proposition tendant à classer au programme la construction d'un chemin destiné à assurer les communications du centre de Mahouna dont la création a été décidée. Ce chemin, d'une longueur de quatre kilomètres, coûterait 40,000 fr.

Après un échange d'observations entre M. Sèbe et M. Carrafang, ce dernier retire un amendement qu'il avait déposé en vue d'obtenir la construction d'une route sur le plateau des Hassasna, cette route pouvant être construite sur les crédits ordinaires de la colonisation.

On passe à l'examen des améliorations proposées pour les anciens centres.

M. Henri Robert propose un relèvement du crédit inscrit à ce titre, car, d'une façon générale, l'alimentation des centres en eau potable est tout à fait défectueuse. Il convient de substituer des eaux de source aux eaux des rivières et des canaux d'irrigation dont on use dans la plupart des villages.

M. Gobel appuie ces considérations et ajoute que la plupart du temps les conduites d'adduction des eaux ont été mal établies avec des tuyaux trop petits. Il est aujourd'hui nécessaire d'en remplacer la plus grande partie.

M. le Commissaire du gouvernement émet l'avis que si la commission juge utile d'augmenter les crédits affectés à la colonisation ce sont les dépenses consacrées aux améliorations de centres qui devront être augmentées, l'assainissement et l'alimentation en eau potable des villages étant de première urgence.

MM. Morinaud et de Solliers estiment qu'on ne peut relever les crédits sans savoir exactement à quels projets ils s'appliqueront. Ils réclament avec M. Lisbonne communication des demandes de travaux d'améliorations de centres qui sont parvenues au gouvernement général.

Sont alors déposées les motions suivantes :

— 1° de MM. Audureau et Sèbe en vue d'augmenter de 30,000 francs le crédit prévu pour le département de Constantine afin de permettre la participation de la colonie aux travaux d'adduction des eaux de l'oued Bou-Sellam au centre de Mesloug ;

— 2° de M. Henri Robert tendant à augmenter le

même crédit de 80,000 francs afin de permettre la participation de la colonie, pour une somme égale, aux travaux d'adduction des eaux de l'Aïn-Djenan-Touil au centre de Thiersville ;

— 3° de M. Gobel en vue de l'incorporation d'une somme de 25,000 francs au crédit prévu pour le département d'Alger pour permettre l'amélioration des conduites d'adduction d'eau potable aux centres de la région d'Aïn-Bessem.

— 4° de M. Sabatier tendant à augmenter de 108,000 fr. le crédit prévu pour le département d'Oran, pour permettre d'alimenter en eau potable les centres de Saint-Louis et de Legrand.

Ces motions sont renvoyées avec avis favorable à l'administration.

Après un échange d'observations entre M. le commissaire du gouvernement et M. Henri Robert au sujet du retard apporté au règlement de la question de l'adduction des eaux de l'Aïn-Djenan Touil à Thiersville, et sur la proposition de M. Morinaud l'assemblée décide de renvoyer à demain l'étude des améliorations des anciens centres.

M. Maréchal est désigné comme rapporteur des travaux concernant la colonisation.

La séance est levée à 11 heures 1/2 et renvoyée à demain, à 9 heures, pour l'étude de la fin du programme proposé par l'administration.

8e *Séance.* — *Jeudi 21 mars 1907*

La séance est ouverte à 9 heures, sous la présidence de M. MORINAUD, président.

Y assistent, MM. DE SAINT-GERMAIN, MAGINOT et WILLOT, commissaires du gouvernement.

M. le PRÉSIDENT fait connaître que M. le gouverneur général assistera demain vendredi à la réunion de la la commission d'emprunt.

Après entente entre M. BÉRARD et M. GODARD, commissaire du gouvernement, la commission décide d'ajouter au programme complémentaire des routes du département d'Alger, le pont sur l'oued Djer, 25,000 fr.

Sur la demande de M. ROBERT qui demande à faire des observations à la commission et l'avis de M. Godard, commissaire du gouvernement, la commission décide d'inscrire au programme concernant l'hydraulique, le barrage des Attafs pour une somme de 300,000 francs représentant la contribution de la colonie aux travaux d'exécution des canaux principaux, le surplus de la dépense devant être mis à la charge des syndicats.

L'ordre du jour appelle la suite de la discussion sur le projet d'emprunt : colonisation, amélioration des anciens centres. (Alimentation en eau potable).

M. DE SAINT-GERMAIN, commissaire du gouvernement, fait remarquer qu'étant donnée l'intention bien arrêtée des délégations financières de voir l'effort de l'administration tendre à l'assainissement et l'alimentation en eau potable des villes et villages, le crédit de 3 millions prévu pour cet objet et qui correspond à des promesses déjà faites sera insuffisant pour les besoins futurs. Indépendamment des travaux prévus de nombreuses demandes se produisent chaque jour et vont se multiplier.

M. de Solliers fait observer que les dépenses d'amélioration des centres créés sont essentiellement des dépenses communales. Puisque toutefois le principe de la participation de l'état est admis, quel sera le critérium pour l'attribution des subventions?

M. de Saint-Germain, commissaire du gouvernement, déclare qu'on examinera la situation budgétaire des communes, les sacrifices qu'elles ont déjà consentis, l'utilité des travaux à entreprendre, ainsi que la charge que les communes pourront s'imposer. La colonie parfera la différence en se tenant dans les limites adoptées, c'est-à-dire de façon que la part de la colonie ne dépasse pas autant que possible la moitié ou les deux cinquièmes des dépenses totales.

M. Morinaud estime, comme l'a fait entrevoir M. de Saint-Germain, que les crédits prévus devront être fortement majorés. Il a établi la monographie complète d'un grand nombre de villages de la province de Constantine. Il a pu constater que d'une manière générale la situation est déplorable au point de vue de l'alimentation en eau potable.

Les conduites d'eau des anciens centres ont été mal faites; la plupart sont détruites et ne peuvent servir, cette situation existe surtout sur les hauts plateaux. L'eau est une des conditions principales de la vie dans les centres de colonisation. Il est certain que les communes consentiront de grands sacrifices pour améliorer le système de l'alimentation en eau potable, mais il est nécessaire qu'elles reçoivent l'appoint financier de la colonie. Celle-ci devrait même, pour les petits centres, participer à ces dépenses pour les 2/3.

M. Picot, qui demande à faire des observations à la commission, partage absolument cet avis. Il est indispensable avant toute chose d'assurer l'alimentation en eau potable des centres, et la colonie devrait subventionner le plus largement possible les travaux entrepris dans ce but.

M. Maréchal, appelle l'attention sur la nécessité d'augmenter le diamètre des tuyaux d'amenée des eaux, qui s'entartrent très rapidement par suite de la teneur des eaux en sels calcaires.

M. de Saint-Germain, commissaire du gouvernement, fait observer qu'effectivement on ne tenait pas compte autrefois, en calculant le débit, de la réduction de diamètre des tuyaux provoquée par l'entartrage. Actuellement dans les nouveaux projets le diamètre des tuyaux est augmenté et la pente accentuée.

M. Jourdan estime qu'avant de voter des sommes considérables pour la création ou l'amélioration de centres, il faudrait savoir si l'œuvre entreprise profite réellement à l'élément français. Dans de nombreuses régions, beaucoup de terres sont rachetées par les indigènes ; la colonisation française recule devant l'élément indigène. Il serait intéressant d'avoir sous les yeux une statistique, indiquant dans quelles proportions l'élément français a été remplacé par l'élément indigène dans les territoires de colonisation. Il dépose un vœu tendant à l'établissement de cette statistique.

Cette proposition est adoptée par la commission.

M. Sède estime que la principale cause d'insuccès en matière de colonisation, réside dans l'insuffisance des dotations territoriales. Il est nécessaire d'augmenter cette dotation si l'on veut que les colons puissent tirer parti de leurs concessions.

A ce sujet M. Morinaud rappelle que le dernier décret sur la colonisation a envisagé la question, et que les concessions peuvent être actuellement de 200 hectares.

M. Bouché critique la façon dont les périmètres de colonisation sont allotis. Le colon reçoit une concession formée de lots épars, souvent très distants les uns des autres et il ne peut ni les travailler ni les surveiller efficacement. M. Bouché est partisan des lots de fermes.

C'est à son avis, l'une des façons utiles de coloniser en Algérie.

M. Jourdan pense que les plans des centres pourraient être mieux établis. Les maisons sont isolées, sans aucun lien entre elles. Il voudrait qu'on suivit l'exemple des villages de France où les habitations sont groupées les unes à côté des autres.

M. le Président fait connaître à l'assemblée qu'il sera tenu compte des observations émises au cours de la séance, dans le rapport que M. Maréchal doit présenter sur cette question.

M. Berard dépose un amendement tendant à porter à 6 millions le crédit de 3 millions prévu au programme en ce qui concerne l'amélioration des anciens centres, ce nouveau crédit de 3 millions devant être réparti entre les trois départements pour être affecté aux dépenses supplémentaires prévues et admises par la commission et l'administration.

Cet amendement est adopté.

Forêts.

M. le Président donne lecture du programme de l'emprunt concernant les forêts.

Sur sa demande, M. de Saint-Germain, commissaire du gouvernement, fournit des explications sur l'emploi des 8 millions prévus à cet effet.

L'administration continuera à construire des maisons forestières, afin de tirer les gardes des villages et de les placer dans les triages dont ils ont la surveillance. Le réseau des tranchées et des chemins forestiers sera complété. Quant au crédit prévu pour le reboisement, il servira à poursuivre des opérations de cette nature dans les périmètres indiqués au rapport. Mais l'effort est localisé, et il n'a pas été possible d'envisager la question de la défense des terrains en montagne qui nécessiterait des dépenses considérables.

M. Delphin expose que la délégation des colons a longuement discuté la question du reboisement et de la restauration des terrains en montagne.

La conservation des routes et des travaux d'art dépend essentiellement du bon état de conservation de nos forêts, et notamment du reboisemant des crêtes. Ces travaux de préservation doivent être effectués avant tous les autres, et il lui paraît nécessaire de faire figurer à l'emprunt un crédit suffisant pour poursuivre, sur certains points, l'exécution de ces travaux d'une façon suivie et complète, afin qu'il soit possible de se rendre nettement compte de leurs résultats.

M. Jourdan dit qu'en ce qui concerne les reboisements, les essais ont été faits d'une façon plutôt malheureuse et sans esprit de suite. Il cite notamment la forêt de Baïnem et celle du Bois de Boulogne, où les arbres ont été plantés à des intervalles si rapprochés qu'ils végètent et ne peuvent acquérir leur développement normal.

M. de Saint-Germain, commissaire du gouvernement, rappelle qu'au point de vue du maintien du sol, la question de reboisement proprement dite ne constitue qu'un côté de la question.

En cette matière, l'œuvre essentielle à entreprendre consiste dans l'arrêt du ravinement, des éboulis et dans la reconstitution de la végétation arbustive sous toutes ses formes.

L'opération passe par différentes phases en allant des sommets à la base : petits barrages successifs, clayonnages, fascinages dans les ravins, fossés horizontaux, semis de graines et de glands.

Ces travaux de détail ne seraient coûteux que s'ils portaient sur des superficies énormes et parce qu'ils exigeraient la création d'un personnel spécialement affecté à cette tâche.

M. Berard appuie les observations de M. de Saint-Germain.

Les travaux effectués, tant à Blida que dans la région d'Oran, dans le sens indiqué par M. le commissaire du gouvernement, ont donné d'excellents résultats, et il y aurait intérêt à en généraliser l'application.

M. Carrafang préconise les semis à la volée pour le repeuplement des crêtes. Il faudrait également surveiller les semis et en interdire l'accès jusqu'à ce que les peuplements puissent se défendre eux-mêmes.

M. Jourdan signale le grave danger que fait courir aux forêts, la pratique du charbonnage sur les pentes. Il serait nécessaire de recourir à des mesures énergiques pour empêcher le charbonnage.

M. de Saint-Germain, commissaire du gouvernement, répond que les règlements sont rigoureusement observés par l'administration forestière, pour ce qui la concerne : elle recherche et réprime la fabrication clandestine du charbon ; elle surveille la vidange des coupes. Mais lorsque le charbon est sorti de la forêt, le rôle de l'administration forestière cesse, et c'est celui des autorités publiques qui commence pour surveiller le colportage.

Un amendement de MM. Bouché et Delphin, tendant à majorer de 1 million le crédit prévu au programme de l'emprunt, et destiné à l'exécution de travaux de détail nécessaires à la protection des terrains en montagne est adopté.

Le programme de l'emprunt concernant les forêts est adopté sous réserve des observations formulées au cours de la discussion.

M. Berard est désigné comme rapporteur du programme des forêts.

Avant de passer à l'examen de l'assistance publique M. Morinaud appelle l'attention de M. le commissaire du gouvernement sur la nécessité d'entretenir en bon état les tranchées forestières du département de Constantine, afin d'éviter la menace d'incendies.

M. de Saint-Germain, commissaire du gouvernement, déclare que l'administration fera tous ses efforts pour arriver à faire nettoyer les tranchées avant la période des incendies, mais ces tranchées ont été multipliées, grâce aux ressources fournies par le 1er emprunt, et par contre les crédits du budget ordinaire n'ont pas été majorés pour l'entretien; ils ne sont donc pas suffisants pour faire face aux dépenses de l'espèce en 1907.

M. Jourdan estime que le crédit prévu pour l'entretien des tranchées est trop faible. Le travail de débroussaillement est nécessairement incomplet.

Comme M. Morinaud il pense que c'est là que doivent porter les efforts de l'administration pour éviter le retour des incendies.

Assistance publique

La commission décide d'entendre M. Hippolyte Giraud, qui demande une augmentation de 245,000 francs pour permettre la construction d'une buanderie et de pavillons à l'hôpital d'Oran, ainsi que l'acquisition d'une bande de terrain de huit mètres de large destinée à isoler entièrement l'hôpital sur trois de ses faces.

M. Maginot, commissaire du gouvernement, n'a aucune objection à formuler en ce qui concerne les crédits à affecter à la construction des pavillons et de la buanderie. Il fait toutes réserves pour l'acquisition du terrain destiné à isoler l'hôpital, aucun projet n'ayant été soumis, sur ce point, à l'administration, qui manque d'indications sur le projet en question.

La proposition de M. Hippolyte Giraud est adoptée, sous réserve des observations faites par M. Maginot.

M. Hippolyte Giraud appelle l'attention de M. Maginot sur le mauvais état de l'hôpital du Sig.

M. Maginot, commissaire du gouvernement, déclare que la question sera examinée; si de nouveaux travaux sont nécessaires à l'hôpital du Sig, pourront être effectués sur les crédits annuels.

En ce qui concerne les prélèvements sur les fonds d'emprunt en faveur des hôpitaux d'Aïn-Temouchent et de Relizane, M. Maginot est d'avis de ne le consentir que si ces établissements communaux sont repris par la colonie. Cette reprise se justifie par les importants sacrifices qui vont être faits par cette dernière et par la nécessité d'assurer un meilleur contrôle de ces établissements.

M. Morinaud demande un relèvement de crédit pour l'agrandissement de l'hôpital de Constantine.

M. Maginot, commissaire du gouvernement, fait remarquer que la construction de pavillons spéciaux pour les tuberculeux et les malades payants, va créer des vides et permettra de recevoir tous les malades qui doivent trouver place à l'hôpital de Constantine. Les travaux que M. Morinaud voudrait voir exécuter sur l'emprunt, n'ont donc pas une telle urgence qu'ils ne puissent attendre. Si l'expérience démontre plus tard qu'ils sont nécessaires, l'administration examinera les moyens d'y faire face sur les crédits annuels du budget.

M. Morinaud se déclare satisfait.

M. Pinelli dépose un amendement tendant à majorer de 40,000 fr. le crédit prévu pour les aménagements de l'hôpital de Philippeville. Sur les indications fournies par M. Maginot, commissaire du gouvernement, qui expose que le crédit prévu pour les aménagements de cet hôpital a été largement calculé, M. Pinelli retire sa proposition.

Le programme de l'emprunt concernant l'assistance publique est adopté, tel qu'il a été amendé.

M. [illegible] est désigné comme rapporteur.

Postes, télégraphes et téléphones

Sur la demande de M. le Président, M. Willot, commissaire du gouvernement, indique que la somme de 175,000 francs prévue pour le déplacement de l'église anglicane a été déterminée d'accord avec le consul général d'Angleterre.

Toutefois ce chiffre provisionnel n'est qu'approximatif, et ne pourra en aucun cas être dépassé.

Sur l'emplacement actuel de la chapelle, sera édifiée une construction destinée à la réception et à l'expédition des colis postaux algériens. Les 395,400 francs prévus à l'article 21 ne visent que la construction de l'annexe destinée à ce service.

M. le Président fait observer que dans ces conditions le libellé de l'article est défectueux, et qu'il y a lieu de supprimer les mots : Démolition de la chapelle anglicane. Cette proposition qui ne soulève aucune objection de la part de M. Willot, est adoptée,

> Le programme de l'emprunt concernant les postes, télégraphes et téléphones est adopté.

M. Pinelli est désigné comme rapporteur,

Sont adoptés, au cours de la séance, les amendements suivants, présentés par la délégation des non-colons :

De M. Cuttoli, tendant à ce que le chemin de grande communication n° 32 de Batna à Biskra soit exécuté sur les fonds du nouvel emprunt :

De M. Jourdan demandant la prolongation jusqu'à Laghouat de la ligne d'Alger à Djelfa, par priorité sur toutes les autres lignes.

De M. Joly tendant :

1° Au classement dans le réseau d'intérêt général

des lignes Tébessa, Aïn-Beïda, Sedrata, Gastu, Philippeville à voie étroite :

2° A la construction immédiate du tronçon Aïn-Beïda-Tébessa direct.

Sont également adoptés deux amendements de M. Joly tendant :

1° A la création d'une route pour desservir le centre de la Mahouna ;

2° A l'exécution du tronçon Gounod à Bou-Hachana, de la route d'Oued-Zenati à Sedrata.

La commission décide d'imputer les dépenses correspondantes soit sur les ressources ordinaires du budget, soit sur les fonds du deuxième emprunt.

Est rejeté un amendement de M. Cuttoli, adopté par la délégation des non colons et tendant à ce que le chemin de grande communication n° 26 de Batna à Aïn-Beïda soit compris dans le programme des routes et chemins.

Sont renvoyés à l'administration pour étude, avec l'observation que les travaux demandés ne pourront être, s'il y a lieu, effectués que sur les crédits du budget ordinaire, les amendements suivants :

De M. Gobel : Amélioration du système d'adduction en eau potable des centres de la région d'Aumale ; de M. H. Robert, adduction des eaux de l'aïn Djerran Touib pour l'alimentation du centre de Thiersville ; de M. Audousset, adduction des eaux de l'oued Bousellam pour le centre de Mesloug ; de M. Pinelli, canalisation en eau potable de Philippeville.

La commission a terminé l'examen du programme du 2e emprunt.

Le résumé de ses travaux ressort de la lecture du tableau ci-après :

Au programme des 150 millions présenté par l'administration, la commission a ajouté les nouveaux ouvrages suivants :

Chemins de fer :

Djelfa-Laghouat	7.000.000
Tlemcen-Beni-Saf	8.504.000
Aïn Beïda-Tebessa-Merkiana-Morsott .	7.800.000
	23.304.000

Pavages :

Alger	200.000
Oran.	431.000
Constantine.	204.000
	24.139.000

Routes :

Alger.	1.885.000
Constantine.	2.290.000
Oran.	1.823.000
	30.137.000

Hydraulique :

Alger	460.000
Constantine.	250.000
	30.847.000

Colonisation :

Améliorations des anciens centres . .	3.000.000

Forêts :

Protection des terrains en montagne .	1.000.000
Assistance publique	245.000
Total.	35.092.000
A reporter	(1)149.880.686
Total général	184.972.686

La séance est levée à 11 heures.

Séance vendredi, 22.

(1) En tenant compte des diminutions apportées au programme présenté par l'administration.

9e séance. — Vendredi 23 mars 1907

La séance est ouverte à 3 heures, sous la présidence de M. Morinaud, assisté de M. Maréchal, vice-président et de M. Lisbonne, secrétaire.

Y assistent M. le Gouverneur général ainsi que MM. Aynard, Godard, Maginot et Willot, commissaires du gouvernement.

Les procès-verbaux des trois précédentes séances sont lus et approuvés.

Sur la prière de M. le Président, M. le Gouverneur Général prend la parole pour exposer ses vues sur la réalisation du programme des grands travaux à exécuter par la colonie, programme que la commission de l'emprunt avait arrêté dans sa séance précédente en prévoyant, comme on le sait, une dépense totale de 186 millions.

M. le gouverneur général déclare en substance que sauf certaines routes des départements d'Alger et d'Oran dont les projets n'ont pas encore été étudiés par l'administration et au sujet desquelles celle-ci ne peut encore se prononcer en connaissance de cause, les travaux ajoutés par la commission au programme dressé par le gouvernement sont d'une utilité depuis longtemps reconnue. Si l'administration n'a pas cru devoir les comprendre dans ses propositions c'est qu'elle était dominée par le souci de ne pas dépasser un total de 150 millions dans ses prévisions pour la fixation du chiffre de l'emprunt.

Elle entendait laisser aux assemblées algériennes une certaine marge et la faculté de compléter ses propositions : elle se doutait bien que le programme primitif serait élargi.

Tout bien considéré, M. le gouverneur général apprécie et approuve les préoccupations qui ont guidé la commission. Il estime que 175 millions peuvent être demandés à l'emprunt, mais il croit qu'il serait prudent de ne pas aller au delà. M. le gouverneur général entre alors dans des explications sur la situation budgétaire de l'Algérie. On peut compter que le budget donne un excédent annuel de recettes de deux millions.

En dix années, période prévue pour l'exécution du programme des travaux, la colonie a le droit d'escompter une disponibilité de 20 millions qu'on pourrait utiliser de la façon suivante : 7 millions pour les annuités de l'emprunt, 2 millions pour augmenter le crédit d'entretien des routes nouvelles, 10 millions pour faire face aux majorations de dotation de différents services, enfin un million pour dépenses imprévues. Indépendamment de cet excédent il est permis à l'Algérie de prévoir de nouvelles recettes résultant notamment de redevances minières ou de l'institution éventuelle d'un droit sur l'absinthe. Cette dernière question on le sait, est actuellement pendante devant le parlement, mais de nouvelles dépenses seront corrélativement reconnues nécessaires par suite de l'application de certaines lois de progrès social ou de l'augmentation possible de la garantie d'intérêt.

Il paraît sage, dans ces conditions, de limiter l'emprunt à 175 millions. Les 10 millions encore nécessaires pour la réalisation du programme intégral de la commission seraient prélevés sur les excédents de la caisse de réserve, dont les disponibilités, dans un délai de 10 années, pourront, suivant des prévisions prudentes, s'accroître de 30 à 40 millions, à raison de 3 à 4 millions par an. Il importe de ne pas faire supporter un effort trop considérable à cette caisse qui doit pourvoir aux charges imprévues résultant d'années déficitaires ou à des besoins exceptionnels provenant d'évènements calamiteux et de l'essor extraordinaire de certaines régions. Mais elle peut, sans inconvénient, supporter cette charge de 10 millions que M. le gouverneur général propose de lui faire subir. Sur ces 10 millions seraient imputés les frais occasionnés par l'installation du cable de Philippeville à Marseille, la création d'un certain nombre de centres de colonisation et la construction des routes qui doivent être ensuite remises aux départements.

M. de Solliers pense que les prévisions de M. le gouverneur général, en ce qui concerne les ressources budgétaires et les excédents du fonds de réserve sont d'une prudence quelque peu excessive. Il estime quant à lui que nos ressources normales sont en état de supporter des charges bien plus lourdes. L'excédent initial de deux millions que nous constatons au budget de cette année ne peut aller qu'en grandissant. La perception de la taxe sur le tabac s'est effectuée jusqu'ici dans des conditions de particulière bienveillance pour habituer les populations à l'imposition nouvelle, mais l'administration se montrera progressivement plus rigoureuse et l'impôt deviendra en même temps plus productif. C'est donc un excédent bien plus considérable que nous pouvons escompter pour les exercices futurs. De plus nous suivrons certainement le parlement dans la voie qu'il nous a tracée en décidant bon gré mal gré l'établissement d'un droit sur l'absinthe. Nous pouvons escompter de ce chef une ressource nouvelle d'au moins deux millions. Nous pouvons compter également sur le rendement progressif des taxes perçues sur les produits des gisements miniers dont l'importance ne cesse d'augmenter. Si l'on considère la marche des dépenses budgétaires au cours de la période 1901 à 1907 en ayant soin d'éliminer les dépenses occasionnelles, on constate qu'elles ont passé de 52,934,000 francs environ à 61,502,000 ce qui fait une augmentation légèrement supérieure à 1 million par an. Notre budget est donc à l'état pléthorique et il n'est pas excessif de prélever sur les recettes de ce budget 1 million par an. Le programme de l'emprunt ne pouvant guère être réalisé avant une douzaine d'années, il sera possible de lui consacrer une somme de 12 millions sur notre budget ordinaire.

Quant au boni tombé dans la caisse de réserve, il a été de 6 millions de 1901 à 1905 et d'une somme à peu près égale les années suivantes. M. le gouverneur général a dit qu'on devait prévoir une réduction de ce boni pour les années postérieures parce que, les besoins des services étant mieux connus, les annulations de crédit deviendraient moindres. M. de Solliers croit au contraire que ces bonis ne peuvent que s'accroître. Les annulations augmenteront, en effet, selon lui, du fait que les excédents budgétaires sont désormais réservés intégralement à la colonie.

Il n'hésite pas dès lors à proposer de prélever trois millions par an sur la caisse de réserve soit 36 millions en 12 ans. Cela ferait en tout 48 millions à consacrer à certaines de nos dépenses, notamment à celles assez nombreuses ayant un caractère de frais courants. La différence seule, soit 140 millions, serait réclamée à l'emprunt.

M. Morinaud trouve trop optimistes les vues de M. de Solliers. Ce dernier a tablé sur la moyenne des années précédentes pour déterminer les excédents de recettes probables à prévoir pour l'avenir. Mais rien ne prouve que cette moyenne se maintiendra au cours des années ultérieures. M. Morinaud ne le pense pas. Il croit, au contraire, avec M. le Gouverneur général, que les annulations de crédits deviendront de moins en moins importantes et que les bonis tombant annuellement dans la caisse de réserve subiront une réduction correspondante.

A ce sujet, il observe que nous ne sommes pas au bout de nos sacrifices pour l'enseignement primaire. Avant cinq ans, nous serons obligés de faire de nouveaux prélèvements sur la caisse de réserve pour la construction de nouvelles classes. Pour l'enseignement primaire supérieur, un prélèvement sur ce fonds de 2,500,000 francs en cinq ans, soit de 500,000 francs par an, va être certainement décidé, sur la proposition unanime de la délégation des non colons. Il ressort que, du fait de l'enseignement primaire et de l'enseignement primaire supérieur, nous serons obligés d'imputer sur la caisse de réserve, en 7 ou 8 ans, une dépense d'au moins 5 millions, soit plus de 700,000 francs par an.

D'autre part, M. de Solliers ne proposait-il pas, en

1905, de diviser la caisse de réserve en compartiments étanches ayant une destination bien précise, à l'exemple de ce qui se passe en Egypte ou en Tunisie ?

Un de ces compartiments serait le compartiment réservé aux événements calamiteux. Il y a encore 3 millions à prévoir de ce chef.

M. Morinaud estime qu'on ne saurait prélever sur ce fonds plus de 1,500,000 francs par an environ.

Quant à nos recettes ordinaires, il serait prudent de n'y toucher que le moins possible, en raison du peu d'élévation des crédits prévus au titre des travaux de toute nature.

En ce qui concerne l'imputation des dépenses sur l'emprunt, sur la caisse de réserve ou sur les recettes ordinaires, il faut bien reconnaître que tous nos travaux peuvent être indifféremment portés sur l'emprunt, car tous les chemins de fer, routes, ports, travaux hydrauliques, colonisation, forêts, assistance, postes, ont, soit le caractère de premier établissement, soit le caractère d'urgence qui permettent de les imputer sur l'emprunt.

Désireux, toutefois, de concilier, dans la mesure du possible, les diverses propositions en présence M. Morinaud pense qu'on pourrait adopter une mesure transactionnelle en fixant le montant de l'emprunt à 160 millions, par exemple, et en prélevant 20 millions sur la caisse de réserve et 5 millions sur les recettes ordinaires.

M. de Solliers explique que la proposition qu'il avait faite en 1905, au sujet de la division de la caisse de réserve en compartiments étanches tendait surtout à contraindre les communes à modérer leurs exigences.

Il ajoute que la Tunisie, à laquelle M. Morinaud vient de faire allusion, s'est gardée d'abuser des emprunts. Tout récemment encore, elle a dressé un programme de travaux s'élevant à 125 millions. Pour le réaliser, elle n'a fait appel à l'emprunt que pour une somme de 75 millions ; elle a prélevé le reste, soit 50 millions ou 40 %, sur sa caisse de réserve ou sur son budget ordinaire.

D'ailleurs, de 1881 à 1886, la Tunisie s'est constituée l'outillage qui lui manquait à l'aide d'une somme totale de 224 millions, qui a été presque intégralement fournie par le budget ordinaire et la caisse de réserve, 20 millions seulement ayant été demandés à l'emprunt.

M. Sabatier ne voit pas pourquoi on ne limiterait pas l'emprunt au chiffre de 150 millions primitivement indiqué par l'administration, 10 millions étant prélevés sur les ressources ordinaires et 25 millions sur la caisse de réserve.

M. Lisbonne se déclare partisan de la fixation à 175 millions du chiffre de l'emprunt et à 10 millions du taux des prélèvements à faire subir à la caisse de réserve. Mais il désirerait que, sur les 10 millions à prélever sur cette caisse, on imputât le montant d'une partie des travaux complémentaires de chemins de fer, travaux dont l'urgence n'est pas absolue. Il cite, à titre d'exemple, le renforcement de la voie ferrée de la ligne de Maison-Carrée à Constantine. Il serait préférable, à son avis, que les ressources à provenir de l'emprunt servissent à l'exécution des routes ou des centres de colonisation que M. le gouverneur général proposait d'effectuer au moyen des excédents du fonds de réserve.

M. Jourdan craint que le programme préparé par l'administration ne soit pas suffisamment mûri. Il se demande au surplus s'il serait prudent de décider la réalisation des projets présentés par les membres de la commission et acceptés par cette assemblée, sans que ces projets aient été soumis au préalable à une étude technique. Il serait d'avis de renvoyer l'examen du programme à une commission extradélégataire.

M. le Gouverneur général fait ressortir les inconvénients qu'il y avait à tabler sur le fond de réserve, dans la proposition indiquée par M. de Solliers, pour la réalisation du programme soumis aux assemblées algériennes. La proposition de M. de Solliers présente un certain caractère d'aléa, car l'exécution d'un trop grand nombre de travaux serait subordonnée à la situation de la caisse de réserve. En procédant ainsi, ne risquerait-on pas d'allumer, chez les populations intéressées, des espérances qu'il ne serait peut-être pas possible de réaliser dans un avenir prochain, alors pourtant qu'il s'agit de projets depuis longtemps réclamés et dont l'exécution est impatiemment attendue. Et puis le fonds de réserve ne doit pas être épuisé. Il importe de garder certaines disponibilités pour parer aux besoins imprévus et urgents qui se manifestent fréquemment dans un pays en voie de transformation constante.

M. le gouverneur général affirme une fois de plus que tous les travaux portés au programme de l'administration ont fait l'objet d'une étude approfondie et qu'il s'est livré lui-même avec ses chefs de services à un examen détaillé de l'utilité, de l'opportunité, de la maturité de chaque projet. Au surplus, la commission de l'emprunt qui s'est livrée à un travail si consciencieux n'a critiqué aucune des parties de ce programme ; elle l'a adopté en bloc, et son attitude serait quelque peu surprenante s'il était exact que les études de l'administration ont quelque chose de vague et de hâtif. La vérité est qu'elles sont mûrement, réfléchies et le gouverneur général est prêt à donner toutes les explications nécessaires, si on lui en demande. Il établira aisément, s'il y est invité, de quelles vues d'ensemble et d'avenir se sont inspirés les rédacteurs du programme, et pourquoi tels travaux ont été retenus par lui et tels autres éliminés.

La commission n'a soulevé aucune objection. Elle s'est bornée à augmenter le chiffre des dépenses prévues. Mais la plupart des ouvrages qu'elle ajoute au programme sont connus de l'administration ; leur exécution était simplement réservée faute de ressources.

Dans ces conditions, la proposition tendant au renvoi à une commission extra-délégataire ne paraît pas devoir être retenue. Cette commission est inutile, elle serait dangereuse.

Finalement et après un échange de vues entre

MM. Sabatier, Lisbonne, de Solliers, Maréchal et Morinaud, la commission décide, sur la proposition de ce dernier, d'adopter la motion suivante :

« La commission de l'emprunt, après les explica-
« tions et les observations échangées au sujet des voies
« et moyens à employer pour obtenir les 185 millions
« nécessaires d'après le programme qu'elle a élaboré,
« a été d'avis de faire appel pour 160 millions à l'em-
« prunt, 20 millions à la caisse de réserve et pour 5
« millions aux recettes ordinaires du budget. »

La séance est levée à midi.

———

10e séance. — Samedi 23 mars 1907.

La séance est ouverte à 9 heures, sous la présidence de M. MORINAUD, assisté de M. MARÉCHAL, vice-président et M. LISBONNE, secrétaire.

M. le PRÉSIDENT donne lecture du procès-verbal de la séance précédente qui ne donne lieu à aucune observation.

M. le PRÉSIDENT fait ensuite connaître qu'il a reçu divers vœux, renvoyés à la commission de l'emprunt par la délégation des non-colons.

— Vœu de M. TÉDESCHI tendant à l'exécution du pavage de la route nationale nº 7, dans la traverse de Tlemcen, au moyen des fonds d'emprunt. La dépense des travaux est évaluée à 37,000 francs.

MM. LISBONNE et MARÉCHAL proposent d'accueillir ce vœu, et, pour ne pas augmenter la dotation des routes et pavages du département d'Oran, de diminuer le crédit de 570,000 francs prévu pour la construction de la route de Mercier-Lacombe à Chanzy d'une somme de 37,000 francs qui serait affectée aux travaux demandés par M. Tédeschi.

La proposition de MM. LISBONNE et MARÉCHAL est adoptée.

— Vœu de M. AUDOUSSET tendant à prélever sur les fonds du nouvel emprunt une somme de 100,000 francs destinée à l'alimentation en eau potable des villages de Saint-Louis et Legrand.

M. le PRÉSIDENT rappelle que la commission a été déjà saisie dans une séance antérieure d'un vœu analogue présenté par M. Sabatier et qu'elle a retenu.

La commission, en effet, a décidé de faire figurer les travaux d'eau de Legrand et de Saint-Louis au programme des travaux qui seront subventionnés au moyen des crédits affectés à l'amélioration des anciens centres.

— Vœu de M. Jules Cuttoli tendant à ce qu'une somme de 20,000 francs soit attribuée par prélèvement sur les fonds du nouvel emprunt au chemin vicinal de la commune mixte d'Aïn-el-Ksar, qui part du chemin de grande communication n° 26 pour aboutir à la route nationale n° 3, près de la gare d'Aïn-Yagout.

M. Morinaud estime qu'il y a lieu de donner satisfaction à ce vœu, en raison de l'utilité et de l'urgence incontestables que présentent le chemin en question. Mais pour ne pas accroître les crédits accordés au département de Constantine, il propose de réduire la somme de 500,000 francs prévue pour le chemin de Tamentout à Fedz-M'zala de 20,000 francs qui seraient affectés au chemin d'Aïn-Yagout.

La commission adopte cette proposition.

— Vœu de M. Vérola tendant à faire classer dans le réseau d'intérêt général, pour être construite sur les fonds d'emprunt, les lignes Ténès-Orléansville-Vialar et Bouïra les Trembles.

M. le Président rappelle que la commission a, dans une séance antérieure rejeté un vœu analogue et décidé, suivant l'avis de la majorité des représentants du département d'Alger, de construire comme ligne nouvelle dans ce département, sur les fonds du nouvel emprunt, la ligne Djelfa-Laghouat.

La commission maintient sa décision antérieure.

M. le Président rend compte ensuite de la réunion préparatoire tenue entre M. le rapporteur général du projet d'emprunt, divers membres de la commission et lui, en vue de déterminer les voies et moyens susceptibles d'assurer la somme de 185 millions à laquelle s'élève le montant du programme des travaux arrêté par la commission de l'emprunt.

Tous les membres de cette réunion sont tombés d'accord pour proposer d'exécuter ce programme au moyen d'un nouvel emprunt jusqu'à concurrence d'une somme de 160 millions. En outre, 20 millions seront prélevé sur l'excédent du fonds de réserve et 5 millions sur les ressources ordinaires.

Seront imputés sur les fonds d'emprunt : 1° tous les chemins de fer ; 2° toutes les routes ; 3° les travaux maritimes ; 4° les travaux des postes et des télégraphes ; 5° les dépenses de l'assistance publique ; 6° les travaux forestiers proposés par l'administration ; 7° les œuvres de colonisation jusqu'à concurrence de 5 millions.

M. le Président rappelle que la commission a décidé d'accorder à la colonisation 18 millions se répartissant ainsi :

12 millions pour les créations de centres et la construction de chemins.

6 millions pour l'amélioration des anciens centres.

Ces 18 millions seraient fournis de la façon suivante :

1° 5 millions, comme il vient de le dire, seraient prélevés sur les fonds du nouvel emprunt.

2° Pendant toute la durée de l'emprunt, la dotation budgétaire de la colonisation serait, chaque année, augmentée de 500,000 francs, soit 5 millions.

3° Enfin, la caisse de réserve donnerait 8 millions, à savoir les 3 millions supplémentaires votés par la commission pour l'amélioration des anciens centres et 5 millions destinés à la fondation de nouveaux villages.

M. le Président fait observer que ces dispositions n'arrêteraient, en aucune manière, le développement de l'œuvre de la colonisation.

En ce qui concerne les travaux hydrauliques, ils seraient intégralement effectués au moyen d'un prélèvement sur le fonds de réserve.

M. le Président justifie cette proposition, en indiquant que 3 millions restent encore disponibles sur la quote-part attribuée à l'hydraulique agricole dans la répartition des fonds de l'emprunt.

Enfin, le million supplémentaire voté par la commission pour les travaux de protection agricole serait également prélevé sur l'excédent du fonds de réserve.

La commission approuve ces propositions.

La séance est levée à 11 h. 1/4.

11e Séance. — Mardi 26 mars 1907

Présidence de M. Morinaud, président.

Lecture est donnée du procès-verbal de la dernière séance qui est adopté sans observations.

MM. Lisbonne, Sèbe et Carrafang, donnent successivement lecture de leur rapport sur les chemins de fer, l'assistance publique et les routes et chemins.

M. le Président adresse au nom de la commission toute entière a chacun des rapporteurs ses félicitations en même temps que ses remerciements pour leur travail si intéressant et si documenté.

M. Pinelli se joint à M. Morinaud pour rendre hommage à l'important travail de M. Lisbonne sur les chemins de fer. Ce travail renferme nombre de développements en ce qui concerne le raccord Meskiana-Morsott, mais comme il mélange les deux lignes et fait entrer ce raccord dans la ligne de pénétration et d'intérêt général Aïn-Beïda-Meskiana-Tébessa direct, il est nécessaire de rétablir les faits.

M. Pinelli tient à préciser les décisions de la commission. La ligne d'Aïn-Beïda-Tébessa directe a été votée à l'unanimité. Quant au raccord Meskiana-Morsott, il a été adopté à la majorité à la suite des observations formulées par M. Pinelli ; M. Pinelli dit qu'à son avis la région traversée sera improductive.

D'autre part, en 1885, un engagement ferme a été pris qui n'a pas été tenu par les réprésentants de Bône.

Voter le tronçon demandé par M. Marchis, ce serait une aggravation de charges et une dépense inutile pour la colonie.

M. H. Robert répond à M. Pinelli qu'il est impossible de revenir sur des discussions closes et des décisions définitivement prises.

M. de Solliers demande si M. Pinelli a des observations à formuler sur la forme du rapport de M. Lisbonne, le fond ne pouvant être mis en cause.

M. Morinaud dit qu'il suffit, pour donner satisfaction à M. Pinelli, que le rapporteur reproduise dans son rapport la physionomie du débat : Vote à l'unanimité de l'Aïn-Beïda-Tébessa et vote à la majorité de la proposition Marchis pour le tronçon Meskiana-Morsott.

Cette proposition est adoptée. En conséquence, M. Lisbonne modifiera son rapport dans ce sens.

Lecture est donnée par M. de Solliers de son rapport général sur le programme d'emprunt.

M. le Président, aux applaudissements de l'assemblée, remercie M. de Solliers pour son travail si remarquable à tous les points de vue, travail qui constitue, dit-il, un véritable monument de science financière et économique algérienne. M. de Solliers, ajoute-t-il, vient encore de rendre un nouveau service à l'Algérie qui ne les compte plus.

En terminant, M Morinaud tient également à adresser ses félicitations à tous ses collègues dont le zèle et le dévouement ont permis de mener à bien la tâche ardue qui incombait à la commission de l'emprunt.

Vous avez, ajoute-t-il, mes chers collègues, toujours été assidus aux travaux de cette commission ; vous avez assisté à 12 séances, pris part à toutes les discussions et montré dans l'accomplissement de votre mission une connaissance approfondie des besoins, des véritables intérêts de ce pays. Je considère qu'il est de mon devoir de vous adresser l'expression de toute ma gratitude pour votre collaboration si continue et si parfaite. Je suis certain que nos collègues vont rendre justice aux résultats de vos travaux, à la compétence, à l'esprit d'équité qui y ont toujours présidé. Je déclare clos les travaux de la commission de l'emprunt. *(Applaudissements.)*

Sur la motion de MM. H. Robert et Jourdan, les membres de la commission adressent à M. Morinaud toutes leurs félicitations pour le dévouement dont il a fait preuve en dirigeant les débats avec sa compétence et son impartialité habituelles.

L'assemblée se sépare à 11 heures.

RAPPORT GÉNÉRAL

La Commission de l'emprunt. — Le programme des travaux. Les voies et moyens

§ 1

La Commission de l'emprunt, son fonctionnement, ses travaux

Messieurs,

Vous savez que l'an dernier, à la suite du vote de l'impôt sur le tabac et pour rendre plus acceptable cette taxe, en lui attribuant au moins en partie une sorte d'affectation d'utilité publique, vous avez décidé, sur la proposition de votre commission des finances, présidée par M. Morinaud, le principe d'un nouvel emprunt auquel vous affectiez comme premier gage 1,700,000 francs à prélever sur le revenu du nouvel impôt.

Avec le produit de ce nouvel emprunt, on devait, dans votre pensée, terminer les ouvrages commencés, à l'aide du premier emprunt de 50 millions contracté en 1902, dont les fonds apparaissaient insuffisants, et aussi, préoccupation qui vous tenait singulièrement à cœur, augmenter le réseau, depuis 15 ans stationnaire, de nos voies ferrées, afin de le mettre au niveau des besoins impérieux qui s'étaient manifestés.

C'est en s'inspirant de ces indications générales que le gouverneur vous a soumis récemment un programme de travaux comportant pour son exécution une dépense de 150 millions,

Ce travail allait en apparence au-delà de vos désirs. Dans les idées de l'administration, il ne s'agissait plus seulement, vous le savez, de terminer les ouvrages commencés en 1902 en matière de travaux publics, de colonisation et de forêts, mais aussi de leur en adjoindre d'autres destinés à les compléter. De même, en même temps qu'on vous proposait de construire des lignes ferrées nouvelles, on vous demandait d'améliorer les anciennes.

Mais, cependant, tout compte fait, l'administration n'a pas dépassé vos vœux ; elle paraissait même ne pas les avoir complètement atteints. Par suite des augmentations qui ont été apportées, par votre commission et les délégations, au programme primitif qui, de son côté, n'a subi aucune diminution, la nomenclature des ouvrages a été étendue et, par voie de conséquence, la dépense s'est élevée de 150 à 185 millions en chiffres ronds.

C'est ce dernier chiffre qui doit servir de base à vos délibérations, étant admis à la fois par votre commission et par le gouvernement, qui s'y est lui-même rallié.

*
* *

Vous aviez estimé utile, afin que les propositions primitivement faites par le gouvernement fussent mieux examinées et plus à loisir, de nommer une commission spéciale, dite commission de l'emprunt, qui, sans faire double emploi avec votre commission statutaire des finances, lui apporterait un aide opportun. A l'instar de ce qui se passe au Parlement où de telles répartitions d'attributions sont d'usage, elle aurait principalement à s'occuper de la partie technique du programme présenté, de déterminer la nature et le nombre des ouvrages, se bornant à examiner d'une façon sommaire et, dans la simple mesure de l'indispensable, la partie financière, les voies et moyens dont l'étude minutieuse demeurerait aux soins vigilants et compétents de la commission des finances qui, moins surchargée, s'acquitterait mieux de sa tâche.

Cette commission de l'emprunt dont vous aviez décidé la création lors de votre première réunion en assemblée plénière, s'est constituée à l'image de celle que vous aviez instituée l'an passé à propos du rachat de l'est-algérien. Se gardant de rien innover, elle en a adopté le fonctionnement et la procédure ; saisie du programme gouvernemental, elle l'a modifié, amplifié, soit de son propre mouvement, comme le droit en appartient à toute commission, soit le plus fréquemment sur l'initiative des délégations séparées dont les amendements collectifs lui parvenaient. Enfin elle a voulu, son travail une fois terminé, vous en présenter les conclusions avant que celles-ci ne vinssent devant l'assemblée plénière.

Ces conclusions sont comprises dans des rapports particuliers et dans le présent rapport général leur servant de préface et d'introduction. Vous avez ces documents sous les yeux et il vous appartient de délibérer à leur sujet.

Nous restons persuadés que vous leur réserverez bon accueil, car nous nous sommes efforcés d'en faire l'expression de la volonté moyenne des délégations, qui prend seulement plus de netteté et de consistance à être formulée par un organe unique au lieu de se diviser et parfois de se contredire en sortant de quatre organes différents.

§ 2

Le programme des travaux. — Les propositions du gouvernement. — Les majorations demandées par la Commission. — Le délai d'exécution des travaux. — Observations générales

A peine nommée votre commission s'est mise résolument à l'œuvre et elle a fonctionné sans interruption jusqu'à l'achèvement de sa tâche.

Elle vous livre cette œuvre et, à ce sujet, vous doit de franches explications.

Chacun de nous si, notamment il est appelé, en vertu d'un mandat public, à s'occuper d'intérêts régionaux, peut avoir une idée exacte des nouvelles lignes de chemins de fer à construire dans une certaine partie de la colonie, des routes à y ouvrir, des centres à y installer, des travaux d'assainissement, d'irrigation ou d'adduction d'eaux à y opérer. Mais comment pourrait-il se flatter de connaître les légitimes desiderata de toutes ces régions de la colonie, isolées les unes des autres, par une configuration tourmentée du sol et l'absence de voies navigables, ayant plus de besoins particuliers que de besoins communs, qui par leur ensemble constituent notre Algérie.

Il n'est guère que l'administration qui possède des informations aussi complètes.

Notre infatigable et dévoué gouverneur général M. Jonnart, que son passage au ministère des travaux publics a singulièrement familiarisé avec toutes ces matières s'est livré en compagnie des divers chefs de services à cette ingrate et pénible instruction.

Il a tout examiné, nous a-t-il dit, tout calculé. M. le gouverneur déclare que chaque article du programme a été, sans précipitation, à tête reposée, mûrement étudié par l'administration et pour la nécessité des travaux et pour le coût de la dépense. La parole de notre gouverneur général nous est sacrée. Nous ne le contestons pas.

Qu'on nous permette toutefois de formuler à ce propos une revendication pour l'avenir.

La loi de 1900 nous avait laissé entrevoir la communication au bénéfice de l'Algérie du régime parlementaire. Est-ce bien ce régime dont nous jouissons ?

Pourtant le gouvernement général et les délégations financières sont les deux forces agissantes de notre organisation. Elles devraient s'unir dans une égale coopération.

Si nous n'entendons nullement entraver le droit d'initiative du gouvernement en matière de dépenses nous voudrions aussi qu'il nous fut licite d'user entièrement du droit de contrôle qui nous appartient.

Nous avons le pouvoir d'autoriser : nous désirerions exercer pleinement ce pouvoir.

Il ne paraît pas impossible, après tout, de concilier équitablement des prérogatives qui ne se contredisent pas, mais se complètent.

On y arriverait sûrement au *moyen de contacts plus fréquents* entre l'administration et les délégations et aussi pour l'avenir, par l'institution de grandes commissions extra-délégataires, analogues à l'ancienne commission des réformes administratives, qui prépareraient nos études, et ce qui serait encore préférable à, l'aide de ces deux procédés combinés.

Mais sans insister autrement sur une réorganisation nécessaire de notre fonctionnement intérieur qui ne saurait entrer dans les développements du présent rapport, retournons au programme des travaux.

*
* *

Voici sous quelle forme il se présente en rapprochant les propositions du gouvernement des majorations qui leur ont été apportées par la commission.

I. — Chemins de fer

A. — Lignes nouvelles

	N°s	Désignation des lignes	Longueur des lignes en kilomètres	Longueur totale	Prix d'établissement
		Département d'Alger			
ignes proposées par l'Administration et approuvées par la commission.	1	Berrouaghia à Boghari . . .	42		6.000.000 (1)
	2	Boghari à Guelt-es-Stel . . .	92		5.220.000
	3	Guelt-es-Stel à Djelfa	64		3.164.200
igne ajoutée par la Commission.	4	Djelfa à Laghouat.	114		7.000.000
		Total pour le département d'Alger.		312	21.384.200
		Département d'Oran			
ignes proposées par l'Administration et approuvées par la commission.	5	Relizane à Prévost-Paradol .	85		6.770.000
	6	Mascara à Uzès-le-Duc . . .	55		3.426.000
	7	Sidi-bel-Abbès-Tizi.	82		4.674.000
igne ajoutée par la Commission.	8	Tlemcen à Beni-Saf	67		8.504.000
		Total pour le département d'Oran.		289	23.374.000
		Département de Constantine			
igne proposée par l'Administration et approuvées par la commission.	9	Constantine à Djidjelli. . . .	200		17.000.000
igne ajoutée par la Commission.	10	Aïn-Beïda-Tébessa (direct) avec embranchement La Meskiana-Morsott.	122		7.800.000
		Total pour le département de Constantine.		322	24.800.000
		Total général.		923	69.558.200

(1) Un million a déjà été affecté à cette ligne sur les fonds du budget de 1908.

B. — Travaux complémentaires

Travaux proposés par l'Administration et approuvés par la Commission.	1 Augmentation du matériel roulant de l'Est Algérien	6.190 000
	2 Renforcement de la voie ferrée entre Maison-Carrée et Constantine. . .	11.000 000
	3 Transformation de la ligne de Bône à Tébessa. .	7.000 000
	Total.	24.190 000
	Total général des chemins de fer..	93.748 000

II. — Travaux publics

Routes et chemins

1° Achèvement du programme du 1er emprunt

Travaux proposés par l'Administration et approuvés par la Commission.	Département d'Oran . . .	3.909.000
	Département d'Alger . . .	6.091.000
	Département de Constantine.	3.363.860
	Total. . . .	13.363.860

2° Nouveau classement des routes nationales

	Désignation des routes à classer	Dépenses de construction ou d'amélioration		
		Oran	Alger	Constantine
Travaux proposés par l'Administration et approuvés par la Commission	Route de la frontière tunisienne à Mostaganem par le littoral	600.000	710.000	1.418.000
	Route de Marnia à Adjeroud par Boudjenane	455.000	»	»
	Route d'Arzew à El-Aricha par le Tlélat Bel - Abbès et Bedeau.	415.000	»	»
	Route de Tizi-Ouzou à Beni-Mansour par Fort-National . . .	»	364.000	»
	Route de La Calle à Tébessa par le Tarf et Souk-Ahras. . .	»	»	882.000
	Totaux. . . .	1.470.000	1.074.000	2.300.000
	Totaux généraux .	4.844.000		

3° *Pavages sur les routes nationales*

Département d'Alger

Travaux proposés par l'Administration et approuvés par la Commission.	Traverse de la route nationale n° 1, à Boufarik.	100.000
	Route nationale n° 5, entre Maison-Carrée et Rouïba (parties les plus fatiguées)	400.000
Travaux ajoutés par la Commission.	id. (Complément de la dépense).	200.000
	Total du département d'Alger	700.000

Département d'Oran

Travaux proposés par l'Administration et approuvés par la Commission.	Traverse de la route nationale n° 4, à Oran.	100.000
	Traverse de la route nationale n° 7, à Sidi-Bel-Abbès (évaluation totale 188.000 fr.) part de la colonie.	94.000
Travaux ajoutés par la Commission.	Id. (Complément de la dépense).	94.000
	Traverse de la route nationale n° 7 à Mascara.	100.000
	Pavage de la route d'Oran à la Sénia.	200.000
	Pavage de la route nationale n° 7 à Tlemcen	37.000
	Total du département d'Oran	625.000

Département de Constantine

Travaux proposés par l'Administration et approuvés par la Commission.	Traverse de la route nationale n° 3, à Batna.	100.000
	Traverse de la nouvelle route nationale de la frontière tunisienne à Mostaganem dans la ville de Bône.	180.000
Travaux ajoutés par la Commission.	Traverse de la route nationale n° 3 à Batna (complément de la dépense)	30.000
	Traverse de la route nationale n° 3 à Constantine.	66.000
	Traverse de la route n° 5 à Sétif.	108.000
	Total du département de Constantine. . . .	484.000
Total général des travaux de pavage. .		1.809.000

4° *Programme complémentaire des routes et chemins*

Département d'Alger

Travaux proposés par l'Administration et approuvés par la Commission.	Chemin de Michelet à Azazga	200.000
	Pont sur le chemin de grande communication nº 9 à la traversée de l'Oued Chiffa.	(1) 135.000
	Chemin de grande communication nº 16 du Retour de la chasse à Palestro, traversée du Bouzezga.	90.000
	Chemin de Guelta à Vialar entre Masséna et Vialar (évaluation totale 2,220,000 fr.), subvention	300.000
	Chemin de grande communication de Molière à Boghar section de Kherba à Boghar.	40.000
	Chemin d'intérêt commun nº 37 de Bou-Guezoul à Chellala.	372.000
	Chemin vicinal ordinaire nº 2 de Tizi-Ouzou à Boghni-Pont sur l'Oued Fali	35.000
	Chemin de grande communication nº 3 d'Adélia à Renault (évaluation totale 1,440,000 fr.) subvention . .	200.000
	Chemin d'Alger à Maison-Carrée par le bord de la mer.	500.000

(1) La commission a substitué au projet présenté par l'administration et dont la dépense était évaluée à 150,000 francs un autre projet dont le montant ne s'élève qu'à 135,000 francs.

Travaux ajoutés par la Commission.	Chemin du Boulevard Bon-Accueil à El-Biar.	300.000
	Chemin d'Azazga à Akbou	350.000
	Chemin de Dra-el-Mizan à Michelet.	200.000
	Chemin de Bou-Medfa à Médéa.	200.000
	Chemin de Courbet à Dellys	200.000
	Chemin de Dellys à Port-Gueydon.	300.000
	Chemin nº 27 d'Aumale à Bouïra.	160.000
	Chemin de Masséna à la limite du port d'Oran. . . .	150.000
	Pont sur l'Oued Djer . . .	25.000
	Total du départ. d'Alger .	3.757.000

Département d'Oran

Travaux proposés par l'Administration et approuvés par la Commission.	Chemin de Frenda à Prévost-Paradol par Medroussa.	300.000
	Chemin d'Aïn-Temouchent à Hammam-bou-Hadjar par les Berkèche.	200.000
	Chemin de Marnia à El Aricha par Sidi-Djilali — terrassement et ouvrages d'art.	500.000
	Création d'une voie d'accès du port à la gare d'Oran . .	650.000
	Chemin de grande communication nº 8 de Renault à Tiaret par Ammi-Moussa (évaluation totale 800,000 fr.), subvention	200.000
	Chemin de l'Oued Taria à Tagremaret (évaluation tatale 650,000 fr.), subvention. . .	150.000

Travaux ajouter par la Commission.	Chemin de Frenda à El Ousseuk (chemin vicinal ordinaire n° 1 de la commune mixte du Djebel Nador . . .	350.000
	Chemin des Lauriers roses à Aïn-Guendoul.	50.000
	Chemin de grande communication n° 4 (partie comprise entre Bedeau et Bossuet)	270.000
	Chemin de Chanzy à Mercier Lacombe	533.000
	Chemin de Frenda à Martimprey Djilali ben Amar. .	100.000
	Chemin de Thiersville à Aïn Sultan	420.000
	Chemin d'Aïn-Fekan à Ouizert	100.000
Total pour le département d'Oran. . .		3.823.000

Département de Constantine

Travaux proposés par l'Administration et approuvés par la Commission (1).	Chemin de grande communication n° 15 de Sétif à Bougie par les caravansérails	1.000.000
	Chemin d'Aïn-Tagrout à Lafayette.	290.000
	Chemin d'intérêt commun n° 33 de Constantine à Aïn-Abid.	55.000
	Chemin de Barika à N'Gaous	195.000
	Chemin de Youks à Chéria (évaluation totale 317,000 fr.), subvention.	45.000
	Pont sur la Seybouse au Nador (évaluation totale 1[illegible] 500 fr.), subvention . .	90.000
	Pont sur la Soumam. . .	158.000

(1) La commission a retranché le chemin d'intérêt commun n° 54 de St-Arnaud à Fedj-M'Zala pour affecter le crédit correspondant de 550,000 francs au chemin n° 11 de Sétif à Mac-Mahon.

	Désignation	Montant
	Chemin n° 11 de Sétif à Mac-Mahon.	550.000
	Chemin n° 34 d'Oued-Athmenia à Rouffach . . .	310.000
	Chemin de Bône à Herbillon.	300.000
	Chemin de Philippeville au Filfila.	500.000
	Pont sur l'oued Kebir (chemin rural n° 8 du lac des Oiseaux à l'oued Kebir com. m. de Beni-Salah) . . .	40.000
Travaux ajoutés par la Commission.	Chemin n° 32 de Batna à Biskra.	[illegible]0.000
	Voies d'accès au port de Bône.	»
	Chemin n° 25 de Tamentout à Fedj-M'Zala.	480.000
	Chemin d'Aïn-Yagout à Chemora.	20.000
	Chemin de grande communication n° 2 de Contantine à Djidjelli.	200.000
	Total du département de Constantine.	4.673.000
	Total général du programme complémentaire	12.253.000

Travaux maritimes

Nature des travaux		Département d'Oran	Département d'Alger	Département de Constantine	Totaux
Travaux proposés par l'Administration et approuvés par la Commission	*Section A*				
	Achèvement du programme primitif	2.754.000	2.360.600	1.967.000	7.081 600
	Section B				
	Travaux complémentaires				
	Port de Nemours	2.000.000	»	»	2.000.000
	Port de Mostaganem	500.000	»	»	500.000
	Port de Ténès	»	1.500.000	»	1.500.000
	Port d'Alger	»	2.000.000	»	2.000.000
	Port de Djidjelli	»	»	3.000.000	3.000.000
	Totaux	5.254.000	5.860.600	4.967.000	16.081.600

TRAVRUX HYDRAULIQUES

1° *Achèvement du programme primitif*

Travaux proposés par l'Administration et approuvés par la Commission.		
	Département d'Oran. . . .	2.975.240
	Département d'Alger . . .	1.128.000
	Département de Constantine	2.864.000
		6.967.240

2° *Travaux complémentaires*

Département d'Alger

Travaux proposés par l'Administration et approuvés par la Commission.		
	Dérivation du Sébaou à Rébeval (évaluation totale 325.000) Part de la colonie.	220.000
	Dessèchement de Boufarik et de la rive droite de la Chiffa	205.000
	Dessèchement du lac Halloula (évaluation totale 1,200,000) Part de la colonie.	800.000
	Défense de Boufarik contre les inondations (évaluation totale 110,000) Part de la colonie.	75.000

Travaux ajoutés par la Commission.	Dessèchement de Boufarik et de la rive droite de la Chiffa (augmentation de la contribution de la colonie)	45.000
	Défense de Boufarik contre les inondations (augmentation de la contribution de la colonie).	15.000
	Dessèchement du lac Halloula (augmentation de la contribution de la colonie)	100.000
	Barrage des Attafs	300.000
	Total du département d'Alger. .	1.760.000

Département d'Oran

Travaux proposés par l'administration et approuvés par la commission.	Dévasement et reconstruction du barrage de la Djidiouïa	700.000
	Participation du budget de l'hydraulique agricole à l'alimentation en eau potable des villages de la région de Perrégaux. . .	300.000
	Dessèchement du lac de Télamine (évaluation totale 435,000) Part de la colonie	400.000
	Total du département d'Oran. .	1.400.000

Département de Constantine

Travaux proposés par l'administration et approuvés par la commission.	Barrage de dérivation sur l'oued Barika	260.000
	Barrage de dérivation sur l'oued Ksob à M'Sila. . .	60.000
	Défense de Batna contre les inondations	150.000
	Dessèchement des marais de Duzerville, Zerizer, Morris et du Bou Allalah, région de Bône	200.000
	Dessèchement des marais d'Hippone et des environs immédiats de Bône . . .	180.000
Travaux ajoutés par la commission.	Défense de Batna contre les inondations (augmentation de la part de la colonie)	150.000
	Dessèchement des marais d'Hippone et des environs immédiats de Bône (augmentation de la part de la colonie	70.000
	Assainissement de la plaine de Philippeville.	30.000
	Total du département de Constantine	1.100.000
	Total général. . .	4.260.000

III. — Colonisation

		ALGER	ORAN	CONSTANTINE	TOTAUX
Travaux proposés par l'Administration et approuvés par la Commission	Création de centres.	3.100.200	3 211.000	2.238.845	8.550 045
	Agrandissement de centres. . .	»	»	306.000	306.000
	Groupes de fermes.	210.000	»	500 000	710.[illegible]
	Travaux topographiques. . . .	80.800	124.400	157.300	362.500
	Routes nouvelles.	854.000	569 000	649.000	(1) 2.072.000
	Amélioration des anciens centres	800.000	1.000.000	1.200.000	3.000.000
	TOTAUX.	5.045.000	4.904.400	5.051.145	15 000.545
Travaux ajoutés par la Commission	Amélioration des anciens centres	3 millions			3 000.000
	Totaux pour la colonisation.				18 000.545

(1) La Commission a ajouté le tronçon Gounod Bou-Hachana de la route d'Oued-Zenati à Sedrata sans prévision de crédit.

IV. — Forêts

		Alger	Oran	Constantine	Total
Travaux proposés par l'Administration et approuvés par la Commission	Maisons forestières (83 logements)..	495.000	79.000	445.500	1.019.500
	Chemins (6.164 km)......	1.745.000	810.744	2.169.682	(1) 4.725.426
	Tranchées (6.698 hect.)	416.220	100.119	373.633	889.972
	Reboisements (14.518 hect.) ...	400.000	460.000	270.400	1.130.400
	Mises en valeur (2.180.000 arbres).	3.287	»	231.415	234.702
	Totaux.....	3.059.507	1.449.863	3.490.630	8.000.000
Travaux ajoutés par la Commission	Travaux de protection des terrains en montagnes	1 million			9.000.000

(1) La commission a ajouté le chemin de la Mahouna, sans prévision de crédit.

V. — Assistance publique

	Nature des Travaux	Montant de la dépense prévue			Total
		Département d'Alger	Département d'Oran	Département de Constantine	
Travaux proposés par l'Administration et approuvés par la Commission	Hôpital de Mustapha . . .	793.341	»	»	793.341
	— de Douéra.	266.400	»	»	266.400
	— de Ménerville. . .	32.500	»	»	32.500
	— de Marengo. . . .	67.000	»	»	67.000
	— d'Oran	»	380.000	»	380.000
	— de St-Denis-du-Sig.	»	9.000	»	9.000
	— d'Aïn-Témouchent.	»	260.000	»	260.000
	— de Relizane. . . .	»	30.000	»	30.000
	— de Constantine . .	»	»	287.500	287.500
	— de Bône.	»	»	61.500	61.500
	— de Bougie.	»	»	70.000	70.000
	— de Philippeville. .	»	»	82.000	82.000
	Hospice d'El-Arrouch . . .	»	»	100.000	100.000
	Hôpital de Souk-Ahras. . .	»	»	31.000	31.000
	— d'Akbou.	»	»	10.000	10.000
Travaux ajoutés par la Commission	— d'Oran	»	245.000	»	245.000
	Totaux.	1 159.241	924.000	64.000	2.725.241

VI. — Postes et Télégraphes

		Département d'Oran	Département d'Alger	Département de Constantine	Total
Travaux proposés par l'Administration et approuvés par la Commission	Service téléphonique.	»	»	163.600	163.600
	Service télégraphique.	»	»	850.000	850.000
	Service postal........	120.000	786.400	»	906.400
	Totaux..........	120.000	786.400	1.013.600	1.920.000

TABLEAU DU PROGRAMME ARRÊTÉ PAR LA COMMISSION DE L'EMPRUNT

PARTEMENTS	NATURE DES TRAVAUX											
	CHEMINS DE FER			ROUTES ET CHEMINS			TRAVAUX MARITIMES			TRAVAUX HYDRAULIQUES		
	proposés par l'administration et approuvés par la Commission	ajoutés par la Commission	Totaux	proposés par l'administration et approuvés par la Commission	ajoutés par la Commission	Totaux	proposés par l'administration et approuvés par la Commission	ajoutés par la Commission	Totaux	proposés par l'administration et approuvés par la Commission	ajoutés par la Commission	Totaux
. . . .	19.834.200	7.000.000	26.834.200	9.537.000 (1)	2.085.000	11.622.000	5.860.600	»	5.860.600	2.428.000	460.000	2.888.000
. . . .	14.870.000	8.504.000	23.374.000	7.573.000	2.254.000	9.827.000	5.254.000	»	5.254.000	4.375.240	»	4.375.240
antine	35.740.000	7.800.000	43.540.000	8.326.860 (2)	2.494.000	10.820.860	4.967.000	»	4.967.000	3.714.000 (3)	250.000	3.964.000
aux généraux. . .	70.444 200	23.304.000	93.748.200	25.436 860	6.833 000	32.269.860	16.081.600	....	16.081.600	10.517.240	710.000	11.227.240

) La commission a substitué au projet de pont sur l'Oued-Chiffa, dont la dépense était évaluée à 150,000 francs ıutre projet dont le montant ne s'élève qu'à 135,000 francs.

) La commission de l'emprunt a supprimé le chemin I. C. n° 54. de Saint-Arnaud à Fedj-M'Zala prévu par ministration avec une dotation de 550,000 francs, et l'a remplacé par le chemin G. C. n° 11 de Sétif à Mac-Mahon uel a été affecté un crédit équivalent.

) La commission de l'emprunt a retranché du programme présenté par l'administration les travaux d'assainis- ıent de la place de Zéramma à Philippeville pour attribuer le crédit afférent de 150,000 francs au chemin de lippeville au Filfila.

TABLEAU DU PROGRAMME ARRÊTÉ PAR LA COMMISSION DE L'EMPRUNT (suite)

ÉPARTEMENTS	NATURE DES TRAVAUX											
	COLONISATION			FORÊTS			ASSISTANCE PUBLIQUE			POSTES ET TÉLÉGRAPHES		
	proposés par l'administration et approuvés par la Commission	ajoutés par la Commission	Totaux	proposés par l'administration et approuvés par la Commission	ajoutés par la Commission	Totaux	proposés par l'administration et approuvés par la Commission	ajoutés par la Commission	Totaux	proposés par l'administration et approuvés par la Commission	ajoutés par la Commission	Totaux
. . . .	5.045.000	3 millions	»	3.059.507	1 million	»	1.159.241	»	1.159.241	786.400	»	786.400
. . . .	4.904.400		»	1.449.863		»	679.000	245.000	924.000	120.000	»	120.000
lantine	5.051.145		»	3.490.630		»	642 000	»	642.000	1.013.600	»	1.013.600
aux généraux. . .	15.000.545	3.000.000	18.000.545	8.000.000	1.000.000	9.000.000	2.480.241	245.000	2.725.241	1.920.000	»	1.920.000

Récapitulation générale

Chemins de fer	93.748.200
Routes et chemins.	32.269.860
Travaux maritimes	16.081.600
Travaux hydrauliques.	11.227.240
Colonisation.	18.000.545
Forêts.	9.000.000
Assistance publique	2.725.241
Postes, télégraphes et téléphones	1.920.000
Total	184.972.686

Une observation s'impose quand on parcourt le tableau ci-dessus, c'est que la multiplicité des articles de détail qu'il contient, l'intervention incessante qu'il suppose de la colonie en des travaux qui appartiennent à des associations particulières pour l'hydraulique, ou qui reviendront aux communes ou aux départements pour les routes et chemins, nous avertissent que l'on procède moins à la création proprement dite d'un outillage qu'à l'extension d'un outillage existant dont on comble les lacunes ou que l'on perfectionne. En effet, il ne faut pas oublier qu'en chemins de fer, ports, routes et ouvrages de toutes sortes, l'Algérie possède déjà un outillage dont la valeur doit dépassser un milliard. Elle tient ainsi une place intermédiaire entre les vieux pays comme la France, qui sont amplement dotés, et les pays neufs comme Madagascar ou l'Afrique dont il ne convient pas de la rapprocher, et qui manquent à peu près de tout.

Cette observation aura sa pleine portée quand nous traiterons des voies et moyens.

* * *

Un dernier point reste à élucider, concernant le programme des travaux.

Dans quel délai approximatif les ouvrages prévus seront-ils terminés ?

Cette question a son intérêt. La durée d'exécution est fonction de l'importance des tranches d'emprunt à réaliser chaque année.

Si la durée est plus courte, les tranches devront être plus fortes, et inversement. Il faut donc déterminer cette durée pour proportionner les appels aux besoins, afin de ne pas laisser trop longtemps sans emploi les sommes empruntées.

Economiquement, la question n'est pas non plus négligeable. L'Algérie a hâte de voir augmenter et perfectionner son outillage qui, sous le régime d'assimilation, avait été bien négligé, ses besoins sont urgents ; elle voudrait que les ouvrages qui lui sont nécessaires fussent terminés dans un délai très court.

L'administration semble n'être pas bien fixée sur le point que nous soulevons. Son hésitation se conçoit ; elle n'est pas toujours la maîtresse de l'heure, il lui faut compter avec des facteurs qui ne sont pas en son pouvoir, avec les formalités si nombreuses et si lentes en matière de construction de chemins de fer et plus généralement de travaux publics, et aussi pour certains genres d'ouvrages comme les travaux hydrauliques ou les améliorations des anciens centres, avec les demandes irrégulières des syndicats et la participation parfois incertaine des communes, qui, les uns et les autres, doivent contribuer à la dépense.

On nous dit cependant un peu empiriquement que l'exécution des nouvelles lignes de chemins de fer demandera 6 ans, de 1905 à 1912, celle des travaux complémentaires 4 ans, de 1908 à 1912, celle des routes et chemins 11 ans, celle des travaux de colonisation 7 ans, et enfin celle des travaux en forêts 10 ans.

Ces délais paraissent en général très longs, surtout en ce qui concerne les chemins de fer et les travaux complémentaires ; toutefois il est malheureusement à craindre qu'ils soient encore dépassés, surtout maintenant que le programme des travaux a été accru.

Comme l'administration le fait justement remarquer, l'Algérie ne possède que des ressources limitées, en main-d'œuvre, en capitaux, en moyens de transport, en entrepreneurs expérimentés, en personnel. D'ailleurs, l'expérience montre que la durée de tous les grands travaux a toujours dépassé les prévisions primitivement admises. C'est ce qui est arrivé pour ceux qui ont été entrepris à l'aide des fonds avancés à l'état par la compagnie algérienne. Commencés en 1866, ils devaient être achevés en 1872. Or, en 1878, rien n'était encore fini, 87 millions seulement étaient dépensés et l'état a dû renoncer à exiger l'exécution de la convention de 1865.

Plus récemment, en 1902, un emprunt de 50 millions a été contracté par l'Algérie. Les ouvrages devaient être terminés en cinq ans. Or, au 31 décembre 1906, ils étaient inachevés et il restait encore plus de 17 millions à dépenser.

Il faut donc s'attendre à ce que les délais prévus par l'administration, à titre d'ailleurs purement indicatif, soient excédés.

Votre commission n'en croit pas moins devoir lui recommander la plus grande célérité possible dans l'exécution du programme.

*
* *

Maintenant que nous connaissons les diverses catégories d'ouvrages, leur nature, leur coût, leur destination économique et la durée, telle que l'administration l'a indiquée, de leur exécution, nous passons, pour les renvoyer au gouvernement, aux observations générales d'ordre administratif, auxquelles chacune d'elles a donné lieu, la commission ayant estimé qu'il ne nous suffisait pas d'autoriser la dépense, mais qu'il était bon de montrer aussi dans quel esprit elle devait être effectuée.

Chemins de fer

Lignes nouvelles

Il importe d'examiner tout d'abord la situation des chemins de fer en Algérie et de constater que malgré l'accroissement de la richesse, les voies ferrées sont restées stationnaires depuis 1892.

En raison du peu de développement qui leur a été donné jusque là il y a lieu de faire un effort plus considérable que celui indiqué par l'administration.

Le rapport propose de porter à 94,000,000 la somme à affecter à cette partie du programme.

Il demande d'ajouter aux propositions de l'administration les lignes de Tlemcen à Beni-Saf dans le département d'Oran, la ligne Djelfa à Laghouat dans celui d'Alger et la ligne Aïn-Beida-Tébessa avec raccord la Meskiana-Morsott dans celui de Constantine.

L'ensemble de ces travaux constitue un tout et procède de deux idées : développer la prospérité de l'Algérie et favoriser la pénétration dans les pays limitrophes.

Travaux complémentaires

Votre commission, tout en acceptant l'exécution des travaux complémentaires indispensables, ne peut cacher combien sa surprise a été grande de voir imputer à la colonie la charge considérable, puisqu'elle monte à 24 millions, des travaux à exécuter sur la ligne du Bône-Guelma ainsi que sur celle de l'Est-Algérien, après que ce dernier réseau aura été racheté.

Ces compagnies, la seconde surtout, car pour la première il y a suivant les tronçons des distinctions à faire, sont soumises d'après les conventions qui les régissent, au régime du forfait pur, aussi bien pour la construction que pour l'exploitation. Les dépenses d'amélioration leur incombent donc comme les dépenses de premier établissement et c'est ce que l'Est-Algérien n'a jamais contesté d'ailleurs.

Il avait créé dans ce but une réserve spéciale dont la nécessité était ainsi justifiée par lui dans le rapport soumis à l'assemblée générale du 27 avril 1895, page 27.

« Il importe, écrivait son directeur, de constituer de fortes réserves, non seulement en vue des aléas de notre exploitation et de la réfection des voies, mais aussi pour subvenir pendant la durée de la concession à toutes les installations nouvelles et acquisitions de matériel roulant qu'exigera le développement du trafic et dont la dépense restera à la charge de la compagnie, puisque nos lignes ont été construites à forfait. »

Il est vrai que les compagnies contesteraient, parait-il, le caractère de travaux complémentaires au plus grand nombre des œuvres indiquées au programme.

L'amélioration de la ligne du B G n'aurait pas été prévue au cahier des charges de cette compagnie. Les rails de l'est-algérien tels qu'ils existaient au moment de la réception des travaux pesaient 25 kilos 500 par mètre et non pas 35 kilos 800 que l'on réclame aujourd'hui afin de placer un matériel plus lourd qui donne une plus grande vitesse.

Mais une telle manière d'argumenter n'est pas juste.

D'une façon générale, une entreprise à monopole comme l'industrie des chemins de fer est tenue, même sans qu'il soit nécesaire d'en faire mention au cahier des charges et a fortiori quand cette obligation lui a été imposée, d'apporter à ses lignes et à son matériel les améliorations nécessitées par les progrès du trafic.

S'il en était autrement, à supposer qu'une compagnie eût été créée vers 1832, époque de l'introduction de l'industrie des chemins de fer en France, elle aurait le droit d'imposer à perpétuité au public les conditions aujourd'hui surannées de confort et de célérité qui pouvaient suffire à cette époque de début.

Le bon sens répugne à admettre de telles prétentions à l'immobilité et la lettre des conventions ne les impose nullement.

En ce qui concerne notamment le renforcement de de la voie dans le parcours Alger-Constantine, l'article 4 de la loi du 2 avril 1880 porte simplement que le rail ne *pourra être d'un poids inférieur à 25 kilos 500* ce qui laisse implicitement supposer qu'il pourra être d'un poids supérieur.

D'autre part l'article 48 du cahier des charges impose au concessionnaire l'obligation d'effectuer constamment avec soin, exactitude *et célérité* le travail des voyageurs et des marchandises. Il est clair que le mot célérité doit s'entendre au sens subjectif et que la vitesse admise pour l'Algérie en 1880 n'a jamais dû aux yeux des contractants être érigée en une règle absolue qu'on appliquerait 27 ans plus tard, en 1907.

Les compagnies, en vous donnant de telles raisons, dissimulent à peine leur mauvais vouloir. Il appartient au service de contrôle de les faire revenir d'autorité à une plus saine interprétation de leurs engagements. L'attitude énergique qu'il devrait prendre ne serait certainement pas désavouée par le gouvernement de la métropole. Voici sur ce point un fragment très significatif des instructions du ministre des travaux publics, que le gouvernement général qui exerce ici les mêmes droits, ferait bien de s'approprier : « Vous avez, écrivait dernièrement M. le ministre Barthou, aux fonctionnaires du contrôle (dans une circulaire parue au *journal officiel* du 27 février 1907) pour devoir principal... d'étudier la progression du trafic... d'en déduire comme conséquence..... les besoins à prévoir..... en travaux complémentaires, de veiller à l'établissement et à la présentation des programmes nécessaires.... ».

D'ailleurs les moyens ne manquent pas, quoi qu'on en prétende pour contraindre les Cies à la présentation de ces programmes.

En cas de mauvais vouloir évident et systématique, le gouvernement possède, pour ne mentionner que celle-là, une arme particulièrement irrésistible, c'est la retenue sur les garanties d'intérêt. M. Viette, alors ministre des travaux publics, s'en est servi avec quelque succès en 1886 pour vaincre des résistances du Bône-Guelma qu'il jugeait injustifiées. Une somme de 1,236,000 francs fut retenue; on ne la restitua que le 14 juin 1889, après que cette compagnie eut obtempéré à l'ordre qui lui avait été enjoint de diminuer son état-major.

Les compagnies menacées finiraient bien par trouver les fonds nécessaires pour exécuter les travaux complémentaires qui leur incombent, dussent-elles, comme le fit l'Est-Algérien en 1890, réduire temporairement le dividende donné aux actionnaires, afin d'augmenter leurs réserves.

Comme conclusion pratique sur le point relatif aux travaux complémentaires, votre commission exprime l'espoir que dans le présent, comme conséquence des observations qui précèdent, le Bône-Guelma soit invité à payer au moins une partie de la dépense d'amélioration à effectuer sur ses lignes, et que dans les comptes à établir entre la colonie et l'est-algérien, il soit porté au passif de cette compagnie les sommes nécessaires pour augmenter un matériel qui n'a jamais été suffisant et pour renforcer la voie sur le parcours Alger-Constantine.

Quant à l'avenir, elle ne peut qu'inviter le gouvernement, en présence de rachats toujours possibles, de veiller à ce que l'exécution des obligations imposées aux compagnies, en matière de travaux complémentaires, ne souffrent pas de retard, de manière à ce que la colonie n'ait pas de ce chef à liquider de lourds arriérés au moment de la remise des lignes.

Les Routes

Les propositions de l'administration comprenaient :

1° l'achèvement du programme primitif ;

2° le classement de routes nationales nouvelles ;

3° les pavages sur les routes nationales ;

4° le programme complémentaire des chemins dont les besoins nouveaux révélés et étudiés à la suite du premier emprunt et en prévision du 2e, se chiffraient à plus de 50 millions s'appliquant à 70 projets.

L'administration après un élagage sévère, n'a cru devoir présenter qu'une partie des chemins.

La commission de l'emprunt, émue de réclamations et des grands besoins à satisfaire, a établi un programme additionnel, tenant compte de considérations de première urgence et négligeant d'autres projets cependant intéressants.

Le programme général des routes peut donc se résumer ainsi :

A. — Programme primitif.	13.363.860 »
B. — Routes nationales nouvelles .	4.844.000 »
C. — Pavage sur les routes nation^les	1.872.000 »
D. — Progr. complém. de l'administ.	6.120.000 »
E. — Progr. additionnel de la C^on .	6.000.000 »
Total général. . . .	32.199.860 »

Travaux maritimes

L'idée première qui a prévalu au sein de la commission de l'emprunt a été de voter les fonds nécessaires à l'achèvement du programme primitif relatif aux ports d'Oran, d'Arzew, de Mostaganem, d'Alger, de Bougie, de Djidjelli, de Collo et de Bône. Il était, en effet, impossible de laisser incomplets et inachevés des ouvrages pour lesquels de gros sacrifices avaient déjà été faits et dont l'utilité au point de vue de l'avenir économique de l'Algérie était incontestable.

La commission a, en outre, reconnu que certains travaux neufs ou complémentaires étaient indispensables aux ports de Nemours, Mostaganem, Ténès, Alger et Djidjelli. Le montant de ces ouvrages, prévu d'ailleurs par l'administration, a été voté sans difficulté sauf en ce qui concerne le port de Nemours, pour lequel il a été formellement spécifié que les 2 millions alloués serviraient à exécuter un travail d'ensemble et définitif. La commission n'a pas voulu engager la colonie dans des dépenses illimitées, comme celles que nécessite annuellement le port de Mostaganem.

Enfin elle a pensé que les sommes importantes incorporées dans l'aménagement des ports et rades, seraient rapidement compensées par l'augmentation du trafic et la prospérité des régions qu'ils commandent.

Sous le bénéfice de ces observations, la commission a décidé de prélever, sur le nouvel emprunt, pour les travaux maritimes, la somme totale de 16,081,600 fr.

Avec les 12 millions déjà votés en 1902, nous arrivons à une somme globale de 28 millions consacrés aux travaux maritimes. La commission a estimé que cette somme augmentée des crédits ordinaires du budget (1.000.000 par an), doit suffire pour créer, sur la côte algérienne, une succession de ports parfaitement abrités, outillés et aménagés, et augmenter ainsi, par la facilité des échanges, la prospérité économique de la colonie.

Travaux hydrauliques

La commission a adopté le programme proposé par l'administration, en l'élargissant un peu.

Le chiffre global des travaux pour le département d'Oran étant de 1,400,000 francs n'a pas été modifié. Celui du département d'Alger a été élevé de 460,000 francs et porté, par suite, à 2,888,000 francs. Enfin, le chiffre du département de Constantine a été augmenté de 250,000 francs, ce qui l'a porté à 3,964,000 francs; étant signalé que le crédit de 150,000 francs inscrit pour l'assainissement de la plaine de Zéramna a été supprimé, après accord avec les représentants de la région, pour être reporté sur les chemins.

La commission a vu avec grand plaisir l'administration donner une place assez large aux travaux de dessèchement et d'assainissement qui revêtent dans notre colonie un véritable caractère d'extrême urgence et d'intérêt général, et elle a appelé son attention sur les obligations résultant pour elle de l'article 2 de la loi du 16 juin 1851 et sur les dispositions libérales de la loi du 22 décembre 1888 en matière syndicale.

La Colonisation

Le programme d'ensemble des travaux prévus pour la colonisation, création de centres, construction de routes, adduction d'eau et aménagement des anciens centres, établi en prévision de l'emprunt de 50 millions, s'élevait à environ 22 millions, déduction faite de divers projets abandonnés, mais n'avait pu recevoir qu'une dotation de 12 millions sur ledit emprunt.

Depuis lors, de nouveaux travaux du même genre ont été étudiés et sont venus compléter ce programme; il est aujourd'hui nécessaire pour l'exécuter, dans un délai qui ne paraît pas devoir excéder l'année 1914, de prévoir une nouvelle dotation sur l'emprunt projeté de 150 millions.

Les propositions de l'administration fixant le chiffre

global de toutes ces dépenses à 15,000,545 francs a été adopté par la commission d'emprunt. Celle-ci a bien voté une augmentation de trois millions sur les améliorations des anciens centres, soit 6 millions au lieu de 3 millions ; cette augmentation, à notre avis, doit être prise sur le fonds de réserve.

C'est dans la limite de ce crédit de 18 millions, augmenté de ceux inscrits annuellement au budget de la colonie et, s'il y a lieu, du produit des ventes à bureau ouvert, que le service de la colonisation va se mouvoir pour créer de nouveaux centres, les pourvoir de routes et assurer en même temps la viabilité des anciens centres et leur assainissement.

C'est un vaste programme répondant aux légitimes aspirations de notre jeune colonie et pour l'exécution duquel la direction de la colonisation possède toute la compétence désirable.

Les Forêts

La commission de l'emprunt a adopté, à l'unanimité, les propositions de l'administration et elle a émis les vœux suivants :

Protection de la végétation arbustive sur les sommets et semis nombreux de graines et de glands.

Répression énergique de la fabrication clandestine du charbon et du déboisement.

Exécution de travaux peu coûteux, tels que petits barrages, clayonnages, fascinages, fossés horizontaux, etc., devant retenir la descente des eaux et empêcher le ravinement des flancs des montagnes et par suite, l'exhaussement du lit des rivières.

Surveillance rigoureuse du colportage.

Résidence effective, partout où cela est possible, des préposés dans leurs triages.

Mais, en outre, la commission bien convaincue que l'exécution des travaux de détail sus-indiqués, nécessaires à la protection des terrains en montagne, constituait une œuvre essentielle et de première urgence, a adopté, toujours à l'unanimité, un amendement de MM. Bouché et Delphin, tendant à affecter à ces travaux, sur les fonds de l'emprunt projeté, une somme de un million de francs.

En conséquence, le service des forêts recevra, sur cet emprunt, une dotation de neuf millions de francs à employer dans les conditions suivantes :

Maisons forestières.	1.019.500
Chemins.	4.725.426
Reboisements.	1.130.400
Tranchées.	889.972
Mise en valeur.	234.702
Protection des terrains en montagne.	1.000.000
Total égal.	9.000.000

Assistance publique

L'administration a proposé un prélèvement de 2,450,000 francs sur les fonds du prochain emprunt en vue de l'achèvement de nos constructions hospitalières. Les projets présentés ont paru à la commission de l'emprunt consciencieusement étudiés et sélectionnés ; elle est d'avis de les adopter dans leur ensemble. Elle croit devoir toutefois proposer en faveur de l'hôpital d'Oran une augmentation de 245,000 francs destinée :

Pour 100,000 francs à la création de nouveaux lits par la construction d'un grand pavillon de 18 lits et l'agrandissement d'un petit pavillon ;

Pour 45,000 francs à annexer à la buanderie projetée au devis général un séchoir et une matelasserie ;

Enfin pour 100,000 francs à l'acquisition d'une bande de terrains autour du mur d'enceinte de l'hôpital, de manière à éviter des constructions gênantes sur le pourtour immédiat de l'établissement.

La commission a estimé d'autre part qu'en raison

des sacrifices importants demandés pour la reconstruction ou l'achèvement des hôpitaux communaux d'Aïn-Témouchent et de Relizane, il conviendra d'exiger la remise de ces établissements à la colonie qui, en fait, assume seule la responsabilité de leur gestion et est toujours appelée à combler les insuffisances de ressources de ces établissements locaux. La même réserve pourrait d'ailleurs être faite pour d'autres hôpitaux communaux, dès qu'ils présentent un caractère d'intérêt régional et reçoivent de nombreux malades au compte de collectivités qui n'ont pas de représentation au sein du conseil d'administration de l'établissement. L'administration a dans ce cas un devoir plus impérieux de contrôle et il est incontestable que pour agir efficacement elle doit avoir autorité entière sur le personnel de gestion.

L'urgence qui caractérise les projets intéressant l'assistance publique a paru à la commission justifier le prélèvement demandé sur les fonds d'emprunt.

Postes, Télégraphes et Téléphones

Le crédit demandé sur les fonds à provenir du second emprunt pour les besoins du service des postes, des télégraphes et des téléphones s'élève à 1,920,000 francs se décomposant ainsi qu'il suit :

1° Hôtels des postes d'Oran et d'Alger .	906.400 »
2° Câble Marseille-Philippeville. . . .	850.000 »
3° Circuit téléphonique Constantine-Tunis (section algérienne).	163.000 »
Total.	1.920.000 »

La nécessité a été reconnue depuis longtemps d'installer les grands bureaux des postes, télégraphes et téléphones dans des immeubles spéciaux construits dans un but déterminé et se prêtant par conséquent à des installations particulières. La métropole entrée dans cette voie possède déjà des hôtels des postes dans les principales villes.

Il y a, en effet, un intérêt majeur à ne pas laisser les grands bureaux à la merci de propriétaires et sous le coup, pour ainsi dire, d'un changement subit de locaux. On s'exposerait ainsi à des frais toujours plus élevés de location et à des dépenses inutiles de réinstallation.

L'Algérie est également en voie de réaliser des installations analogues. A Alger et à Constantine les constructions sont commencées ; à Oran les services sont installés depuis ces dernières années dans un immeuble spécial. Mais l'on ne prévoyait pas le développement subit et considérable pris par le trafic, de telle sorte qu'actuellement il est devenu nécessaire d'ajouter une annexe à l'hôtel existant.

Le terrain ayant été heureusement réservé en vue de l'agrandissement futur, cette amélioration est facile et possible, et elle pourra être réalisée moyennant une dépense de 120,000 francs.

La situation qui s'est révélée à Oran doit nous profiter afin d'éviter les mêmes inconvénients à Alger où l'accroissement du service se fait encore plus sentir. La proposition de l'administration tendant à l'acquisition du terrain sur lequel se trouve la chapelle anglicane est donc très prudente, car elle sauvegarde l'avenir en permettant l'extension ultérieure des services sans qu'il soit besoin de déplacer encore le bureau central. La combinaison est en outre très avantageuse au point de vue financier en raison de la valeur du terrain et de la plus-value qu'il acquerra par la suite. Il serait possible enfin de réaliser une organisation du service des colis postaux demandée depuis longtemps et qui constituerait une nouvelle source de recettes.

Enfin les travaux supplémentaires indiqués dans le projet sont tout à fait désirables pour doter le nouvel hôtel d'une installation rationnelle en rapport avec l'importance des services.

L'immersion d'un câble entre Marseille et Philippeville ne saurait non plus être retardée. La création d'une nouvelle voie sous-marine, reliant le département de Constantine à la métropole, assurera les communications alors même que des interruptions se produiraient sur les lignes terrestres et dégagera le transit du bureau d'Alger. Des retards seront ainsi évités, et l'ensemble des transmissions télégraphiques en sera activé.

La liaison de la Tunisie avec l'Algérie par un circuit téléphonique répond à un besoin incontestable; cette nouvelle voie complètera très heureusement le réseau téléphonique algérien et sera de la plus grande utilité notamment aux localités avoisinant la frontière tunisienne en relations d'affaires avec celles de la régence.

Dans ces conditions, nous vous proposons d'adopter le projet de l'administration et de comprendre le service des postes, des télégraphes et des téléphones pour une somme de 1,920,000 francs dans la répartition des fonds à provenir du deuxième emprunt.

§ 3

Les voies et moyens. — Le coût d'un emprunt. — Les forces de notre budget. — La caisse de réserve — Les imputations. — Conclusions.

Comme nous l'avons expliqué plus haut, en décidant la création d'une commission de l'emprunt, les délégations n'ont jamais entendu, et nous l'avons bien compris, destituer la commission des finances des prérogatives qui lui sont concédées par la loi de 1900. C'est donc à cette dernière de solutionner tous les problèmes délicats que soulève la mise en œuvre des moyens financiers à l'aide desquels le programme des travaux sera exécuté.

Cependant, il ne nous était pas possible de ne pas nous poser l'interrogation de savoir au moins, d'une façon générale, par quelles ressources les moyens financiers seraient assurés et de n'y point répondre.

Il faut savoir choisir ses moyens. Il est d'autant plus nécessaire d'être fixé sur leur adoption que, pendant longtemps encore, sinon toujours, l'Algérie, suivant en cela l'exemple de tous les pays civilisés, aura à exécuter des travaux pour compléter son outillage suivant les données, qui transforment sans cesse les pays, de la science et de l'art et qu'elle doit se former, à leur sujet, une bonne doctrine financière qui lui serve de règle à l'avenir.

* * *

185 millions, qui seront peut-être dépassés, c'est encore une grosse somme à trouver.

Dans ses propositions primitives, qui s'élevaient à 150 millions, le gouvernement demandait tout à l'emprunt ; plus tard, après avoir adopté le chiffre de 185 millions, il paraissait disposé à lui en demander 175, les 10 millions restants devant être fournis par le budget.

C'est encore beaucoup, à notre avis personnel, pour l'emprunt. Nous nous sommes livrés à ce sujet à un calcul que nous vous prions de consulter, qui montre ce qu'il nous en coûtera d'emprunter 150 millions remboursables en 75 ans au taux de 3 %.

L'emprunt sera émis sous forme d'obligations.

Si l'on suppose que les nouvelles obligations algériennes soient émises aux cours actuels, soit 435 francs, il en faudra émettre, pour se procurer 150 millions, $\frac{150.000.000}{435} = 344.827$.

Les banquiers prenant au moins 10 francs par titre pour frais d'émission et autres, les 150 millions seront réduits, de ce chef de 3,500,000 francs en chiffres ronds : l'emprunt produira donc net : 146,500,000 francs.

D'autre part, les obligations sont remboursables à 500 francs, c'est-à-dire qu'ayant reçu une somme nette de 146,500,000 francs, l'Algérie se reconnaît débitrice de 344,827 × 500 = 172,413,500 francs.

Pour amortir ces 172,413,500 en 75 ans, il

faut 0,003,668 par franc, l'intérêt étant de 3 0/0. L'annuité pour 100 francs ressort à
intérêt. . . . . 3 fr.
amortissement . . . . 0 fr. 3.668

Annuité totale pour 100 francs. . . . . 3 fr. 3.668
soit pour l'emprunt projeté 724.135 ×
3 fr. 3.668 = 5.804.817 francs.

Soit en 75 ans 5.804.817 × 75 =	435.361.275	»
Somme reçue	146.500.000	»
Différence.	288.861.275	»

Ainsi nous ou nos arrière neveux débourserons en chiffres ronds 435 millions pour 126 millions que nous avons reçus.

Le premier chiffre représente il est vrai la valeur future et le second la valeur actuelle frais déduits.

Si les capitalistes qui nous avancent leur argent l'avaient conservé, il aurait fructifié dans leurs mains ou celles de leurs successeurs : ce sont ces fruits dont nous leur devons compte.

Il n'empêche qu'une telle opération exige une annuité de 6 millions qui va immobiliser une notable partie de nos recettes. Il faut donc, pour qu'on s'y résolve, qu'on en attende de merveilleux résultats.

En soi, un emprunt peut les donner : mais tout dépend de l'emploi que l'on fera des fonds empruntés.

Si on les applique à des dépenses essentiellement productives, à ces dépenses de tout premier établissement, par exemple à créer des chemins de fer, à creuser des ports dans des contrées totalement privées de voies rapides de communication et de gares maritimes, les bénéfices directs et indirects peuvent très bien surpasser la dépense.

Un pays déshérité peut, grâce à l'emprunt, être mis en état d'exploitation intensive et parvenir à la richesse ; c'est là le cas des contrés neuves, Madagascar, l'Afrique occidentale qui n'ont pas à craindre de se charger d'une dette, pourvu qu'avec leurs revenus normaux, elles en puissent supporter la charge.

Quand on les applique à des dépenses d'amélioration, et nos dépenses algériennes ont presque constamment ce caractère, au meilleur aménagement d'un port à l'adjonction d'une artère nouvelle à un réseau existant, comme ces améliorations ont une influence plus restreinte sur la prospérité générale et particulière, l'opération est peut-être moins certaine, mais en tous cas, elle devient franchement mauvaise quand elle doit servir à solder des dépenses d'administration qui maintiennent les revenus du pays sans les accroître.

Les dépenses d'amélioration doivent donc, dans une certaine mesure, et les dépenses d'administration doivent être en totalité imputées sur le budget ordinaire et sur les réserves.

*
* *

Pour qu'il en fût autrement, il faudrait que les finances d'un pays fussent avariées comme il advient pour l'empire du Maroc qui, n'ayant guère de revenus certains, est obligé quand il a une dépense à faire, d'escompter, pour le solder, des rentrées futures et de tout bloquer sur l'emprunt.

Mais il n'en saurait être de même au regard de l'Algérie ; ses finances sont saines, elle possède des revenus liquides et périodiques et des réserves sûres qu'elle a tout intérêt à mettre d'abord à contribution.

On ne prend peut-être pas assez garde que son budget est en passe de devenir pléthorique ; c'est déjà ce que pressentaient l'an dernier les adversaires de l'impôt sur le tabac qui déclaraient cette taxe inutile.

Il présente déjà un excédent initial de 2 millions, résidu de la taxe nouvelle. Ces 2 millions passeront aisément à 3 et même à 4, l'administration se montrant dorénavant plus rigoureuse dans l'application du règlement. Nous avons encore en perspective une surtaxe de 50 francs par hectolitre d'absinthe ou d'anisette qui pour 50,000 hectolitres donneraient 2 millions et demi. Enfin les gisements miniers qui sont en pleine prospérité, tous les métaux étant devenus fort chers, pourront nous procurer 1 ou 2 millions. Voilà qui fait déjà de 6 à 8 millions supplémentaires.

Voyons la contre partie en dépenses. Il ne faut pas parler de l'accroissement automatique de la dotation des services estimé à 1,800,000 francs qui sera compensé et au delà par l'accroissement également automatique de nos recettes une année sur l'autre. Cet accroisement, qu'on ne l'oublie pas, a été dans ces derniers temps de 2 millions malgré la détaxe des sucres. Mais il y a l'annuité de 6 millons environ pour un emprunt de 150 millions, son inscription sera successive, ce qui n'est pas pour nous gêner beaucoup. Il y a aussi l'augmentation des frais d'entretien du nouveau matériel, soit 1,800,000 francs, charge également successive.

On doit noter également l'application possible des lois de prévoyance sociale édictées par la métropole et que nous nous ferons honneur d'étendre à l'Algérie, Mais nous pouvons être rassurés, la pratique du parlement tendant de plus en plus à nous laisser maître de cette application et de la proportionner à nos facultés.

Tout compte fait, et sans qu'on puisse établir à ce sujet des calculs rigoureusement exacts, il nous semble que la perspective des augmentations de recettes l'emporte notablement sur celle de l'augmentation des dépenses.

Par surcroit de précautions, on n'a d'ailleurs qu'à imputer sur le budget ordinaire comme aussi sur les réserves les dépenses et elles ne manquent pas qui ont une certaine plasticité pouvant se dilater ou se contracter d'une année à l'autre.

Enfin si malgré tout, un mécompte menaçait de se produire, on aurait encore pour y parer l'accroissement du tarif de l'impôt sur le tabac.

*
* *

De même que notre budget ordinaire, notre caisse de réserve se présente sous le meilleur aspect.

Elle va posséder quand le budget de 1906 sera réglé son plein indisponible de 10 millions. Il lui reste

1,100,000 fr. de disponible légué par les exercices antérieurs avec lesquels elle peut faire face aux engagements qu'elle peut avoir, comme le solde pour 1908 de la subvention aux constructions scolaires. Son avenir est très peu engagé, jusqu'à concurrence de 2,500,000 fr. seulement pour de nouvelles constructions d'écoles de l'enseignement primaire supérieur réédifié sur les plans ingénieux de notre distingué collègue M. Joly et que l'assemblée plénière rectifiera certainement. Elle attend de gros bonis.

Depuis 1896, le budget algérien en a toujours laissé un qui, de 1896 à 1900, est monté en moyenne, suivant M. Millès-Lacroix, à trois millions et de 1901 à 1905 à plus de cinq millions, suivant notre ancien rapporteur général M. Hippolyte Giraud.

Ces bonis ne peuvent pas subitement disparaître ; ils ne peuvent même qu'augmenter soit par le fait des annulations qui à notre sens deviendront plus fortes, la nécessité disparaissant d'épuiser le disponible des crédits du budget ordinaire, soit par le fait que nos sources de recettes se sont accrues depuis l'imposition du tabac et vont s'accroître encore par l'établissement probable de la surtaxe sur l'absinthe.

Nous pouvons avoir confiance dans notre budget parce que nous pouvons faire fond sur l'Algérie qui en fournit les éléments. Ceux qui suivent la marche de la colonie depuis dix ans sont heureux de constater que semblable à ces personnes qui trouvent enfin le succès après avoir longtemps végété, elle s'avance d'un pas sûr dans la voie du progrès. Son trafic, ses exportations, sa puissance d'achat et de toute sa population européenne, tout augmente chez elle en dépit de crises indéniables, il est vrai, mais qui, avec la diversité de plus en plus grande de sa production, cessent d'être générales pour devenir partielles.

Assurément, il ne faudrait pas que notre confiance dégénérât en témérité et il ne s'agit pas de surcharger outre mesure notre budget ordinaire non plus que de trop escompter les disponibilités futures de notre caisse de réserve.

Mais nous croyons que le mal ne serait pas grand si l'on se montrait un peu hardi.

L'écueil à éviter, c'est que par une trop grande défiance de nos forces présentes nous n'alourdissions trop notre avenir, et que nous le compromettions.

C'est en s'inspirant de ces pensées de réconfort et aussi de prudence que votre commission a été d'avis qu'une fraction plus considérable que celle proposée d'abord par le gouvernement, des sommes nécessaires à l'exécution du programme qui vous est soumis devrait être supportée par les ressources oédinaires ; et qu'une autre fraction, assez importante, de ces dépenses serait prélevée annuellement sur les excédents, du fonds de réserve.

Dans sa pensée, 160 millions devraient être fournis psr l'emprunt, 5 millions par le budget ordinaire et 20 millions par la caisse de réserve conformément à la répartition contenue dans les tableaux suivants :

RÉPARTITION DES DÉPENSES A DEMANDER

1° à l'emprunt. — 2° à la caisse de réserve. — 3° aux recettes ordinaires

Nature des travaux	Montant total de la dépense	Montant de la dépense imputée sur les fonds du nouvel emprunt	Montant de la dépense imputée sur le fonds de réserve	Montant de la dépense imputée sur les ressources ordinaires du budget	Observations
Chemins de fer.	93.748.200	93.748.200	»	»	(1) 3 millions pour la création des anciens centres ; 5 millions pour la création de nouveaux villages.
Routes et chemins . . .	32.269.860	32 269.860	»	»	(2) Pour la protection des terrains en montagnes.
Travaux maritimes. . .	16.081.600	16.081.600	»	»	
Travaux hydrauliques .	11.227.240	»	11.227.240	»	
Colonisation	18.000.545	5.000.000	8.000.000 (1)	5.000.545	
Forêts	9.000.000	8.000.000	1.000.000 (2)	»	
Assistance publique . .	2.725.241	2.725.241	»	»	
Postes et télégraphes. .	1.920.000	1.920.000	»	»	
Total.	184.972.686	159.744.901	20.227.240	5.000.545	

Les dépenses relatives aux chemins de fer, aux routes, aux ports, à la colonisation et aux forêts par imputation sur l'emprunt, ont plutôt, sous certaines réserves, le caractère de dépenses de premier établissement.

Quant aux dépenses relatives à l'assistance publique et aux postes, télégraphes et téléphones, c'est leur caractère d'urgence extrême sur lequel ont insisté et l'administration et les membres de la commission qui les ont fait inscrire sur les fonds d'emprunt.

Vous ne manquerez pas de remarquer, d'autre part, que les dépenses portées au compte du budget ordinaire et de la caisse de réserve sont non seulement en partie des dépenses de pure amélioration ou même d'administration au regard de la colonie, sinon à celui des départements, des communes ou des syndicats, mais encore des dépenses essentiellement plastiques et même des crédits qui sont difficilement épuisées, comme ceux relatifs aux travaux hydrauliques, soit que les syndicats aient de la peine à se constituer, soit qu'une fois constitués, ils hésitent sur le choix de la culture à produire.

*
* *

Les conclusions financières auxquelles nous avons abouti n'ont pas été admises sans discussion au sein de votre commission.

Tout en étant d'accord sur le principe d'une imputation tripartite, les uns, plus audacieux, estimaient que le contingent global à assigner aux ressources ordinaires, pouvait atteindre 50 millions, d'autres s'en seraient volontiers tenus aux propositions du gouvernement le fixant à 10 ou 15 millions.

Le chiffre auquel on s'est arrêté a paru être, en définitive, celui qui s'éloignait le moins de chacune des propositions divergentes ; il a rallié dans votre commission une majorité ; nous espérons qu'il en ralliera une parmi vous.

Pour aboutir et aboutir honorablement, pour qu'il n'y ait ni vainqueurs ni vaincus, il faut savoir transiger.

Félix DE SOLLIERS.

RAPPORTS PARTICULIERS

CHEMINS DE FER

Messieurs,

Chargé par vous de retracer les décisions que vous avez prises au sujet de l'extension de nos voies ferrées je dois me borner à un examen rapide de leur situation actuelle et du développement qu'il importe de leur donner.

Ai-je besoin d'appeler votre attention sur l'intérêt considérable qui s'attache à cette question? Et est-il nécessaire, de vous démontrer cette vérité éclatante que le progrès économique d'un pays est intimement lié à l'importance de ses voies de communication.

Est-il nécessaire de vous dire que ce progrès est d'autant plus rapide et d'autant plus considérable que les moyens de transport y sont plus faciles et moins onéreux, et aussi que dans les voies de communication c'es le chemin de fer qui est la voie la plus utile et la plus efficace.

Il importe de créer des routes pour faciliter les transactions, l'agriculture, le commerce; parce que la création d'une route est plus rapide moins coûteuse, parce que la route pénètre partout, qu'elle est d'une exploitation des plus simples; mais c'est surtout sur les voies ferrées que doivent se porter les efforts d'un pays neuf, d'une colonie en création. C'est la voie ferrée qui permet l'écoulement rapide des produits, c'est elle qui facilite l'importation des choses nécessaires à la vie sociale, c'est elle qui favorise les relations entre les pays et qui sera le grand facteur du rapprochement des peuples.

La commission d'étude du programme d'emprunt profondément imbue de cette idée, a été frappée du peu de développement donné jusqu'aujourd'hui à notre réseau algérien.

Ce réseau doit sa création à un décret du 3 avril 1857, qui comportait une grande ligne parralèle au littoral partant de Constantine et allant à Oran et des lignes perpendiculaires joignant cette grande ligne à la mer sauf deux tronçons de pénétration dans le sud de la colonie. L'ensemble de ces lignes avait une longueur de 1.722 kilomètres.

Ce sont les lignes de Philippeville à Constantine et d'Alger à Oran qui furent les premières établies, puis successivement furent concédées les lignes d'Alger à Sétif et de Guelma au Kroubs.

Le programme de 1857 fut modifié et complété par la loi du 11 juin 1879 qui comportait une augmentation du réseau algerien de 1.768 kilomètres.

En outre le gouvernement avait concédé à la compagnie franco-algérienne par décret du 29 avril 1874 un chemin de fer d'Arzew à Saïda avec prolongement sur Kalfallah (ligne qui a éte successivement poursuivie jusqu'à Beni-Ounif). Il résulte de l'ensemble des dispositions ci-dessus relatées que le réseau algérien classé d'intérêt général comprendrait s'il était complètement effectué.

1° En exécution du décret du 8 avril 1857 :	
les concessions de la compagnie P.L.M. . .	513 kil.
la ligne de Sétif à Constantine.	155 —
2° En exécution du décret du 29 avril 1874 concession primitive à la compagnie franco-algérienne	214 —
3° En exécution de la loi du 26 mars 1877, concession primitive à la compagnie Bône Guelma.	255 —
4° En exécution de la loi du 11 juin 1879 lignes diverses	1.863 —
Ensemble.	3.000 —

En fait le réseau existant se trouve constitué et réparti de la manière suivante :

Compagnies de chemins de fer	Désignation des lignes	Longueur des lignes en km.	Longueur des réseaux en km.	Observations
P.-L.-M.	Alger à Oran	426	513	
	Philippeville-Constantine	87		
Franco-algérienne (actuellement chemins de fer algériens de l'état)	Arzew à Kralfallah	214	(1) 428	(1) Voie de 1.055.
	Tizi à Mascara	12		
	Mostaganem à Tiaret	202		
Est-algérien.	Maison-Carrée-Constantine	452	888	
	Ménerville à Tizi-Ouzou	53		
	El-Guerrah-Biskra	201		
	Bougie-Beni-Mançour	89		
	Ouled-Rhamoun à Aïn-Beïda (2)	93		(2) Voie de 1 m.
Ouest-algérien.	Sainte-Barbe-du-Tlélat à Sidi-bel-Abbès	52	439	
	Sidi-bel-Abbès à Raz-el-Ma	100		
	La Sénia à Aïn-Témouchent	70		
	Tabia à Tlemcen	64		
	Blida à Berrouaghia (3)	83		(3) Voie de 1.05.
	Tlemcen à la frontière du Maroc	70		
Bône-Guelma.	Bône à Guelma	88	435	
	Guelma au Kroubs	115		
	Duvivier à Souk-Ahras	52		
	Souk-Ahras à Sidi-el-Hemessi	52		
	Souk-Ahras à Tébessa (4)	128		(4) Voie de 1 m.
	Ensemble		2.703	dont 1.971 km. à voie large et 732 à voie étroite.

(1) Dans ce nombre ne sont pas compris les 407 kilomètres de Kralfallah à Béchar. Avec cette ligne stratégique, le réseau de l'état a une longueur totale de 925 kilomètres.

Si l'on ajoute à ce chiffre les 33 kilomètres du chemin de fer de Bône à Aïn-Mokra, dont l'établissement a été a été autorisé par un arrêté du gouverneur général de l'Algérie du 12 juin 1863, pour l'exploitation des minerais de la compagnie de Mokta el-Hadid, la longueur totale du réseau des chemins de fer algériens d'intérêt général ressort à 2,736 kilomètres, non compris les 497 kilomètres du chemin de fer stratégique du sud oranais, au sud de Kralfallah.

Si l'on veut faire un examen exact de notre situation à ce point de vue, on se rendra compte du peu d'effort fait à ce jour pour développer cette partie si intéressante et si utile de notre outillage économique.

Tout d'abord, si l'on se reporte aux statistiques établies dans la métropole, on remarque qu'en France, au 31 décembre 1904, la proportion des chemins de fer était de 1 k. 14 par 1.000 habitants et 0 k. 08 par kilomètre carré.

Le réseau algérien accuse des chiffres de beaucoup inférieurs : soit 0,66 par 1,000 habitants et 0,017 par kilomètre carré.

L'infériorité de ce chiffre éclate avec d'autant plus d'évidence qu'en 1879 l'ensemble du réseau algérien était prévu à 3.041 kilomètres et que pour la population de l'époque, 2.800.000 habitants, et la superficie, 160,000 kilomètres carrés, on obtenait la proportion de 1 k. 09 par 1.000 habitants et 0 k. 02 par kilomètre carré.

Et, depuis cette époque, notre réseau n'a pas atteint le chiffre qui était alors fixé, notre population s'est développée, elle atteint aujourd'hui plus de 4.150.000 habitants, la colonisation a pénétré plus avant dans le sud, notre occupation s'est avancée dans tous les sens et nos chemins de fer n'ont réalisé aucun progrès sensible.

Si nous nous reportons à un tableau établi par l'administration et relaté à la page 115 de la brochure qui vous a été distribuée, nous remarquons avec étonnement que les premières lignes ouvertes à l'exploitation l'ont été en 1871 (réseau P.-L.-M. 513 kilomètres) et que, depuis 1892, époque d'ouverture de la ligne Blida-

Berrouaghia (83 kilomètres, réseau O. A.) aucune ligne n'a été mise à la disposition de la colonie.

Ainsi, pendant 15 ans, nous sommes restés stationnaires. Et cependant, pendant ce laps de temps, la colonisation a marché, elle a progressé avec un rare bonheur, grâce à l'activité et aux efforts courageux de nos colons.

Ce n'est pas dans le cadre que comporte notre travail qu'il nous sera possible de faire ressortir les progrès de l'Algérie, l'augmentation de sa richesse, le développement de son commerce et de son agriculture. Qu'il nous soit permis cependant de placer quelques chiffres sous vos yeux :

Le mouvement commercial de l'Algérie (importation et exportation) était en 1902 de 625,858,000 francs et progressant chaque année sauf en 1905 année déficitaire, il s'est élevé approximativement à 667,635,000 francs en 1906.

Nous relevons dans nos exportations l'élévation des chiffres en ce qui concerne le bétail, particulièrement la race ovine, 1.042.138 têtes. Les laines montaient à 121.907 quintaux en 1906.

Le froment a fourni 1.189.955 quintaux, l'avoine 487.678 quintaux et l'orge 525.671 quintaux. L'alfa passe de 871.446 quintaux à 1.020.080 quintaux.

Les vins eux mêmes donnent en 1906 à l'exportation le chiffre de 5.460.143 hectolitres.

La progression est aussi très accentuée sur les minerais 720.505 tonnes pour le fer, 4.734 tonnes pour le cuivre.

Correspondant à ce mouvement commercial, l'octroi de mer a produit 9,263,406 francs en 1906 en augmentation sur tous les exercices antérieurs sauf celui de 1903.

Quant aux chemins de fer, ils produisent en 1906 une recette de 39.014.156 francs en augmentation de 3.997.863 sur celle de 1905.

En considérant ces résultats remarquables, on ne peut que regretter le peu d'empressement mis à compléter le réseau de nos voies ferrées.

Malgré le développement de notre colonie, la progression de sa richesse, la prospérité croissante des lignes en exploitation, pendant plus de 15 années, rien n'a été entrepris dans cette branche de notre outillage.

Et certes, cette négligence a dû avoir une répercussion sur la vitalité de notre pays.

Il n'est pas douteux que la première cause de cette stagnation résulte dans les difficultés budgétaires de la métropole, que les exigences financières de la France, en possession du budget de l'Algérie, la crainte de voir augmenter les charges qui pesaient sur lui et, il faut bien le dire, la méconnaissance de notre pays, le peu de confiance dont nous avons été victimes, ont entraîné ce résultat et rendu si nécessaire l'établissement de notre autonomie financière.

Cependant la constitution du budget spécial devait à ce point de vue être complétée par la loi du 23 juillet 1904 portant décentralisation des chemins de fer.

C'est peut-être ce qui explique qu'au moment de notre premier emprunt de 50 millions de francs, autorisé par la loi du 7 avril 1902, il n'ait été affecté aucune somme à des travaux d'amélioration ou d'augmentation de nos voies ferrées.

Aujourd'hui, maîtresse de son budget, maîtresse de ses chemins de fer, délivrée de toute entrave, rien ne peut enrayer l'essor de notre colonie.

Elle doit envisager les nécessités présentes et les besoins futurs avec énergie et confiance, et ne doit reculer devant aucun sacrifice pour réparer le temps perdu et atteindre le développement économique auquel elle est en droit de prétendre par la fertilité de de ses terres, sa situation naturelle et les richesses enfouies dans son sol.

Elle doit continuer hardiment l'œuvre entreprise.

La perspective d'un deuxième emprunt de 150 millions n'est donc pas faite pour nous effrayer.

Notre rapporteur général nous dira ce qu'il pense du principe.

Mais en ce qui me concerne, je déclare ici que même fallut-il aller au delà pour donner satisfaction aux intérêts légitimes de l'Algérie, je n'hésiterais pas à le faire en combinant les charges nouvelles avec les ressources croissantes de notre budget.

Appelée à effectuer la répartition des fonds du futur emprunt, la commission spéciale, émanation des délégations financières, a pensé que les efforts les plus considérables devaient porter sur les chemins de fer. Il lui a paru que l'administration avait été quelque peu modérée dans le programme présenté et qu'il ne fallait pas craindre de l'étendre dans une certaine mesure. Aucune divergence de vue ne s'est manifestée sur cette première question. A l'unanimité la commission a décidé qu'il y avait lieu de donner aux travaux de chemins de fer une part plus large que celle qui avait été présentée.

L'administration établit tout d'abord qu'une somme de 107 millions serait nécessaire pour exécuter les constructions de chemins de fer de première urgence.

Puis dans deux tableaux (pages 118 et 119 du projet) elle fixe à . . . . 76.539.200 fr.
les lignes de 1ère urgence.
et les lignes de 2e urgence à . . . . . . 88.172.000 »

Soit un total de . . . . 164.711.200 »

à laquelle somme il y a lieu d'ajouter
pour rachat de lignes . . . . 4.111.200 »
travaux complémentaires . . . . 24.190.000 »

Total . . . . . 193.012.400 »

Mais dans l'impossibilité de faire face à ces dépenses dans un délai trop bref et de faire procéder en même temps à ces constructions, elle ramène au chiffre de 71,444,200 la portion de l'emprunt à affecter à cette partie du programme.

Cette somme se décompose de la manière suivante :

Constructions nouvelles. . . . . . . 47.254.200 »
Travaux complémentaires . . . . . . 24.190.000 »

Total . . . . 71.444.200 »

Ce chiffre a paru insuffisant à la commission qui a proposé de le porter à 94.908.000.

C'est donc en réalité une somme de 100.000.000 de francs que nous allons consacrer à nos voies ferrées.

C'est l'affection de cette somme qui va faire l'objet de la troisième partie de cette étude.

Conformément aux précédents, en ce qui concerne la répartition des ressources mises à la disposition de la colonie, un classement spécial a été fait par département.

En ce qui concerne le département d'Alger, l'administration porte comme travaux de 1re urgence les lignes

de Berrouaghia à Boghari	42	kilom.
de Boghari à Guelt es Stel	92	—
de Guelt es Stel à Djelfa	64	—
de Bouïra les Tremblès à Berrouaghia et Aumale	129	—
de Ténès à Orléansville	58	—
Total	385	kilom.

Mais elle ne retiendra à effectuer sur l'emprunt que les 3 premières, soit la ligne de Berrouaghia à Djelfa 198 kilomètres.

Elle porte en deuxième urgence les lignes ;

Djelfa à Laghouat	114	kilom.
Alger à Blida	50	—
Orléansville à Vialar	108	—
Affreville à Berrouaghia	80	—
Total	352	kilom.

Au sein de la commission, M. Delphin demandait le classement en première urgence des lignes de Ténès à Orléansville et Bouïra à Berrouaghia.

Il reconnaissait que ces lignes étaient déjà classées dans le réseau des chemins de fer d'intérêt local ou de tramways en voie d'exécution, mais il pensait que leur urgence était telle que leur incorporation au programme en permettrait l'exécution plus rapide.

Le tronçon notamment de Bouïra à Berrouaghia devait, disait-il, desservir une région des plus riches et participer à l'établissement du grand central dont l'intérêt n'est pas contestable. (La ligne d'Affreville à Bouïra du grand central, construit et concédé à l'est-algérien, a été classée d'intérêt général par la loi du 2 août 1880.)

M. Robert proposait l'incorporation au programme de la ligne d'Orléansville à Vialar.

MM. Jourdan et de Solliers, la prolongation sur Laghouat de la ligne Berrouaghia à Djelfa.

La commission ayant pensé qu'il n'était guère possible d'augmenter la quote-part des chemins de fer d'une somme supérieure à environ 23,000,000 de francs, soit un peu plus de 7,000,000 par département, il ne pouvait être donné satisfaction à tous les légitimes desiderata des diverses régions.

Après discussion, il fut établi que les lignes Orléansville à Ténès et Orléansville à Vialar n'étaient pas d'intérêt général, qu'elles ne pouvaient être construites que par le département ; que la ligne Berrouaghia à Bouïra n'avait pas le caractère immédiat d'intérêt général que voulait lui attribuer M. Delphin et qu'il était préférable de ne pas l'incorporer au programme actuel.

La commission a donc retenu, comme devant figurer à ce programme, les lignes :

1° Berrouaghia à Boghari	42	kil.
2° Boghari à Guelt-es Stel	92	—
3° Guelt-es-Stel à Delfa	64	—
4° Djelfa à Laghouat	114	—
Totaux	312	kil.

Il est facile de justifier cette manière de voir ; et sans avoir à faire une étude technique et approfondie de ces propositions, étude que ne peut comporter le cadre restreint de ce travail, il est nécessaire cependant d'énumérer les raisons qui légitiment cette décision.

Tout d'abord remarquons que l'ensemble de ces quatre lignes constitue simplement le complément de la ligne de pénétration d'Algér à Laghouat dont la nécessité économique et stratégique a été si souvent indiquée.

Ces quatre lignes ou plutôt ces quatre tronçons se complètent pour ne former en réalité qu'une seule voie de communication et, dans les études qui en ont été faites par le service compétent, il est établi que la prospérité de chacune participe de le prospérité des autres.

Ligne de Berrouaghia a Boghari

Les frais de construction ont été évalués à 166,667 francs par kilomètre soit pour les 42 kilomètres une dépense de 7,000,000 de francs.

La recette kilométrique immédiate a été évaluée à 7,183 francs. Dans cette évaluation il n'a pas été tenu compte du commerce des moutons, qui n'emploiera la voie ferrée que lorsqu'elle sera prolongée dans le sud.

En comprenant ce commerce on peut évaluer à 2,500 francs de plus la recette kilométrique.

On peut aussi faire la même observation en ce qui concerne les alfas.

Les frais d'exploitation de cette ligne seront peut être pendant les premières années supérieurs à la recette kilométrique mais la construction des autres tronçons de la ligne de Laghouat fera bien vite disparaître cet inconvénient.

Il est bon d'observer en outre que les frais d'administration ne seront guère plus élevés sur la ligne prolongée que sur la ligne actuelle et que, de ce côté, on pourra réaliser de sérieuses économies. De plus, le surcroît de trafic que procurera l'ouverture de cette section à la ligne Blida-Berrouaghia diminuera la garantie d'intérêt de cette dernière et par suite modifiera dans un sens favorable la situation financière du réseau.

Le service du contrôle évalue à 12,000 fr. la recette kilométrique de ce tronçon lorsque la ligne sera prolongée jusqu'à Djelfa et à 14,000 francs lorsqu'elle arrivera à Laghouat.

Cet argument n'est-il pas suffisant pour justifier les conclusions prises par la commission au sujet de l'extension du programme ci-dessus indiqué.

Ligne de Boghari à Guelt es Stel

Les frais de construction avec traverses en métal sont évalués à 5,220,000 francs soit 56,750 francs par kilomètre.

Ce tronçon ne paraît pas devoir modifier sensiblement la situation financière de la ligne. Guelt es Stel se trouve dans une situation défavorable, les recettes kilométriques ont été évaluées à 5,000 francs. Guelt es Stel restera jusqu'à la prolongation de la ligne sur Djelfa le point d'embarquement et de débarquement des marchandises à destination ou en provenance du sud. Il faut considérer cependant que cette partie du réseau desservira l'important marché d'Aïn-Oussera qui se trouve à peu près à égale distance de Boghari à Guelt es Stel.

Observons, en outre :

1° Que la prolongation de la ligne sur Djelfa et Laghouat modifiera cette situation défectueuse ;

2° Que s'il est possible de se demander si le commerce des moutons usera de cette ligne immédiatement, il est certain que le commerce des alfas en tirera profit.

Le trafic des alfas provenant des hauts plateaux, enrayé par suite de défaut de moyens de transport se développera rapidement ; la zone d'alfa étant très étendue c'est une recette future que l'on peut escompter sans crainte de déception.

Ainsi qu'il vient d'être dit, dès que la ligne arrivera à Aïn-Oussera elle pourra bénéficier d'un trafic important de plus de 50,000 tonnes par an.

Cette exploitation est suffisante pour justifier le prolongement immédiat de la ligne, d'autant plus que la commission propose de pousser cette voie de communication jusqu'à Laghouat.

Ligne de Guelt es Stel a Djelfa

De même que pour la section précédente, la route nationale servant de plate-forme à la voie ferrée, les 64 kilomètres ne coûteront donc que 3,164,200 francs soit 49,440 francs par kilomètre.

Le marché de Djelfa a une grande importance, surtout en ce qui concerne le commerce des laines et des moutons. En admettant que ce commerce tire parti de la ligne, M. l'ingénieur Picard évalue à 7,433 francs son produit kilométrique. Il déclare en outre qu'il ne prend pour base d'évaluation que les transactions actuelles et que l'on peut escompter l'augmentation que produit dans les transactions et les transports la création d'un chemin de fer. Le pays traversé par cette section est pauvre en céréales et les habitants sont souvent exposés à la disette par suite des difficultés qu'ils éprouvent pour se procurer les choses nécessaires à l'existence.

« Le chemin de fer du sud, dit le rapport des ingé-
« nieurs, est destiné davantage au ravitaillement du
« pays qu'à l'exportation des produits. »

On se rendra compte de l'exactitude de cette affirmation si l'on remarque que le prix de transport d'une tonne de marchandise d'Alger à Djelfa varie de 100 à 120 francs et qu'il tombera à 30 avec le chemin de fer.

Il est en outre à remarquer que la limite de la recette kilométrique devant laisser des bénéfices peut être fixée à 8,000 francs et que ce chiffre sera rapidement dépassé dès les premières années d'exploitation.

Dans ces éléments d'appréciation nous ne tenons pas compte des économies réalisées sur l'entretien des routes ni des bénéfices indirects que procure le chemin de fer.

Section de Djelfa a Laghouat

Le montant de la dépense avec traverse de métal est approximatiment de 7,000,000 de francs soit pour 114 kil. 48,000 francs par kilomètre.

Quant au trafic de cette ligne il paraît devoir être fixé à 7,000 francs par kilomètre environ; cependant il y a lieu de remarquer que les considérations rappelées ci-dessus au sujet du trafic et du ravitaillement des populations peuvent s'appliquer à cette section.

L'administration observe que l'orge qui vaut 12 et 15 francs à Alger est vendue à Laghouat 40 francs.

Cette section est du reste le complément obligatoire de la ligne Alger Laghouat.

Cette ligne qui commercialement doit produire d'excellents résultats d'Alger à Djelfa procurera un avantage de plus au point de vue stratégique par son prolongement sur Laghouat.

Ce tronçon permettant d'amener directement les troupes jusqu'à ce point extrême en augmentera la valeur militaire.

On pourrait observer à titre de simple remarque que cette ligne diminuant sensiblement les frais de transport de la guerre (les économies réalisées de ce chef ont été évaluées à 160,000 francs par an) il serait peut-être possible d'obtenir une subvention du gouvernement métropolitain et dans tous les cas les avantages qu'il en retirera pourront être opposés à titre de compensation des sacrifices faits par la Métropole en faveur de nos chemins de fer.

En résumé, la ligne Alger-Laghouat, demandée depuis longtemps par les corps élus, est d'une importance économique et stratégique qui justifie dans une large mesure les desiderata exprimés par la majeure partie de la délégation.

Les recettes kilométriques moyennes permettent, en établissant une compensation entre les différentes sections, de faire face aux frais d'exploitation et, dès qu'il sera possible au commerce des alfas et des moutons d'en bénéficier, ces recettes augmenteront dans une large mesure et pourront dépasser le chiffre de 8,000 francs fixé comme limite probable de la recette brute donnant lieu à un bénéfice.

Département d'Oran

L'administration porte comme lignes de première urgence :

1° Ligne de Relizane à Prévost-Paradol . .	85	kil.
2° Ligne de Mascara à Uzès-le-Duc	55	—
3° Ligne de Sidi-bel-Abbès à Tizi	82	—
Total.	222	kil.

En deuxième urgence :

1° Ligne de Tlemcen à Beni-Saf	67	kil.
2° Nemours à El-Aricha, par Marnia et Sebdou	163	—
3° de Bouguetoub à Géryville.	108	—
Total.	338	kil.

Elle retient les trois premières et les comprend dans le programme à effectuer sur les fonds d'emprunt.

La commission, pour doter plus largement le département d'Oran et en vertu des principes exposés ci-dessus, sans s'arrêter aux lignes 2 et 3, de 2e urgence, dont l'exécution paraît moins nécessaire, demande l'adjonction au programme de la ligne Tlemcen à Beni-Saf.

Ligne de Relizane a Prévost-Paradol

Il s'agit ici d'une modification du tracé de la ligne Relizane à Tiaret.

Le tracé actuel, construit avec une certaine hâte, contient des inconvénients graves qu'il s'agit de faire disparaître.

Tout d'abord établi dans une région pauvre, le tronçon Relizane à Uzès-le-Duc ne rend que fort peu de services à la colonisation.

De plus, étant établi dans la vallée de la Mina, à proximité de cette rivière, la moindre crue entraîne des désastres toujours très onéreux à réparer et qui compromettent la sécurité des voyageurs.

C'est pour cela que, depuis le mois de mars 1904, des vœux nombreux ont été émis en faveur de la modification du tracé.

Les inconvénients du tracé actuel sont relevés d'une façon très détaillée dans un rapport des ingénieurs et résident dans les nombreuses pentes, contre-pentes de 0 m. 022, les courbes n'ayant pas plus de 100 mètres de rayon et le voisinage de la rivière.

Mais ces inconvénients sont supprimés dans le tracé projeté.

Au point de vue économique, la ligne actuelle traverse des régions stériles et dénudées, désolées par la fièvre paludéenne. Aucune installation agricole ou industrielle n'a pu s'y développer. Les indigènes y vivent misérablement. Ils ont, du reste, qualifié cette région de « fortassa, » pays chauve, teigneux.

Le trafic accuse une recette de 1,100 francs par kilomètre.

Dans le tracé projeté, la ligne traverse une région livrée à la colonisation.

Près de 40,000 hectares sont cultivés par les européens et les indigènes. Les récoltes qu'ils produisent atteignent 350,000 quintaux de céréales.

Cette région très riche se développera rapidement car la création de cette nouvelle voie ferrée et les 150,000 hectares de terre dont 1/3 sont à peine en culture, seront rapidement livrés à la colonisation.

Le commerce des moutons augmentera le trafic de la ligne.

Le pays est peuplé de plus de 2.000 européens et 40,000 indigènes.

Les recettes kilométriques atteindront de 4,500 à 5,000 francs et produiront un bénéfice de plus de 500 francs par an.

Il est donc certain que le projet soumis par l'administration doit être pris en considération.

La ligne de Mascara à Uzès-le-Duc et la ligne de

Sidi-bel-Abbès à Tizi constituent en réalité une seule ligne réunissant la région de Sidi-bel-Abbès à celle de Relizane.

La ligne de Mascara à Uzès-le-Duc a une longueur de 55 kilomètres, son prix d'établissement est de 3,426,500 francs, soit 62,300 francs par kilomètre.

Elle traversera des régions excessivement riches, desservira les centres de la Maoussa, Medjaret, Palikao et Uzès-le-Duc.

La recette kilométrique peut être évaluée au début à 4,500 francs et atteindra rapidement 5,400 francs.

La dépense d'exploitation est évaluée à 5,000 francs; elle pourra donner un produit net de 500 francs.

La ligne de Mascara à Uzès-le-Duc permettra la jonction des deux lignes parallèles du sud oranais et de Mostaganem-Tiaret.

Elle sert en réalité à relier Tiaret à la frontière marocaine.

C'est donc bien une ligne d'intérêt général et d'une utilité réelle et immédiate.

Ligne de Bel-Abbès a Tizi

Les considérations générales ci-dessus s'appliquent à cette section qui est le complément de la ligne Mascara Uzès le Duc.

Cette section partant de Sidi-bel-Abbès comporte une longueur de 82 kilomètres et coûtera 4,674,000 francs soit 57,000 francs par kilomètre.

Elle traverse des pays agricoles excessivement fertiles, dessert les centres de Boulet, Baudens, l'important village de Mercier-Lacombe, Aïn-Fras, Aïn-Fekan et les exploitations agricoles nombreuses en bordure.

Les dépenses d'exploitation étant évaluées à 5,000 francs et les recettes à 6,000 francs par kilomètre c'est donc un produit net de 1,000 francs par kilomètre que donnera cette ligne.

Les ingénieurs font remarquer qu'en outre la colonie

bénéficiera des économies d'entretien qu'elle réalisera sur la route de Sidi-bel-Abbès à Mercier-Lacombe notamment, sur laquelle un roulage important circule toute l'année.

En 1903 le tonnage des marchandises transportées a été évalué à 75.290 tonnes.

L'intérêt de cette ligne est donc incontestable.

Ligne de Tlemcen à Beni-Saf

La longueur de cette ligne est de 67 kilomètres. Le coût en est de 8,504,000 francs soit environ 125,000 francs par kilomètre.

Cette ligne est sollicitée depuis de longues années par les habitants de la région de Tlemcen.

Le département d'Oran avait accepté le projet qui lui était soumis par la compagnie du Mokta el Hadid pour la construction de cette ligne.

Mais dans la session d'octobre 1906 des difficultés surgirent dans cette assemblée au sujet du quantum de la subvention que la colonie devait allouer.

Ces difficultés paraissent avoir modifié les sentiments de l'assemblée départementale et il est à craindre que le projet dont il s'agit ne soit abandonné par elle.

Le caractère d'intérêt général qui s'attache à cette ligne est tel que dans ces conditions la colonie ne doit pas hésiter à prendre en mains la construction du chemin de fer de Tlemcen à Beni-Saf.

Au point de vue des intérêts économique, il est observé que Tlemcen, centre d'une région très importante à proximité du Maroc, chef-lieu d'arrondissement se trouvant à 67 kilomètres de la mer, ne peut recevoir les produits qui lui sont nécessaires et expédier les siens que par la ligne de Sidi-bel-Abbès Oran ; que par suite, les marchandises sont grevées d'un transport de 166 kilomètres, quand il y a à proximité (100 kilomètres de moins) un port lui permettant des importations et des exportations plus faciles et moins onéreuses.

La région de Tlemcen exporte actuellement de 30 à

40,000 quintaux de blé annuellement. Par suite des défrichements qui s'y effectuent ce sera bientôt 100,000 quintaux que Tlemcen pourra exporter.

L'olivier y produit 10,000 hectolitres d'huile.

Les écorces à tan et à liège sont d'importants produits de la région ainsi que l'alfa et le crin végétal.

Au point de vue minier Tlemcen possède des ressources considérables. Cette région n'est pas desservie et voit son développement enrayé.

Le chemin de fer de Tlemcen à Beni-Saf desservira la région de Tlemcen, la vallée de la Tafna, le centre d'Hennaya, elle servira de débouché aux tribus des Hamyan, des Angad, des Beni-Guil et desservira le Tafilalet.

Les rapports économiques sur ce chemin de fer évaluent la dépense kilométrique à 4.145 francs et le produit à 4,000 francs, susceptible d'atteindre rapidement 5,000 francs.

Enfin, nous remarquons que cette ligne voisine du Maroc facilitera les relations commerciales avec ce pays ; qu'il est certain que le trafic de marchandises importées et exportées devenant moins onéreux, il sera possible de combattre la concurrence espagnole qui, par son port de Mellila, contrebalance notre influence économique chez nos voisins.

Département de Constantine

L'administration proposait, en première urgence, la ligne de Constantine à Djidjelli . . . . . . 200 kil.

Celle d'El-Milia à Philippeville.	92 »
Celle d'Aïn-Beïda à Tébessa.	72 »
Total	364 kil.

En deuxième urgence :

Sétif à Bougie.	125 kil.
Philippeville à Gastu.	55 »
La Calle à la frontière	16 »
Guelma à Aïn-Beïda	108 »
Guelma à Gastu.	46 »
Total	350 kil.

Elle ne retenait que la ligne de Constantine à Djidjelli.

Devant l'intérêt des régions de Tébessa et d'Aïn-Beïda, la commission propose d'ajouter au programme la ligne d'Aïn-Beïda à Tébessa et pour compléter, le raccordement de la Meskiana à Morsotten, réunissant cette ligne à celle de Tébessa à Bône par Souk-Ahras.

Les avantages de ce raccord seront indiqués ci-après.

Ligne de Constantine a Djidjelli

Cette ligne de 200 kilomètres reviendra à 17,000,000 de francs environ, soit 85,250 fr. par kilomètre. Elle traverse notamment le centre de Mila et un grand nombre de communes.

Les études en ont été faites en 1903 et les rapports des ingénieurs ont démontré la nécessité et l'utilité générale de cette ligne.

Classée tout d'abord d'intérêt local, on n'a pas pensé qu'il ne pouvait en être ainsi d'une ligne de 200 kilomètres mettant en relations la mer avec le chef-lieu du département, d'une ligne traversant des régions dont les productions sont aussi différentes qu'elles peuvent l'être.

Les hauts plateaux produisent en effet exclusivement des céréales et du bétail, les massifs forestiers et miniers d'El-Milia des combustibles, les plaines du littoral des cultures maraîchères et des vignes.

Les recettes paraissent devoir s'élever dès les premières années à 5,000 francs par kilomètre. Les frais correspondants seraient de 4,500 francs et le produit net de 500 francs.

Cette ligne doit donc figurer à notre programme et son importance ne peut être discutée.

Ligne d'Aïn-Beïda a Tébessa
et raccord la Meskiana Morsott

Nous avons cru devoir réunir dans l'examen que

nous en avons fait les trois tronçons d'Aïn-Beïda à la Meskiana, la Meskiana à Tébessa et la Meskiana à Morsott.

Mais nous devons à la vérité de rappeler ici que si la commission a été unanime à décider la ligne Tébessa-Aïn-Beïda directe, elle a fait une distinction au sujet d'un tronçon la Meskiana Morsott qui n'a été accepté qu'à la majorité pour des considérations d'ordre multiple que nous examinerons ci-après.

Ligne d'Aïn-Beïda a Tébessa

Cette ligne comprend la section d'Aïn-Beïda à la Meskiana et celle de la Meskiana à Tébessa.

L'historique que l'on pourrait en faire en rapprocherait l'intérêt de la transformation des lignes de Bône à Souk-Ahras et à Tébessa.

En effet, c'est la nécessité de renforcer le trafic de ce réseau qui donna naissance au projet de construction tion d'une ligne de Tébessa à Aïn-Beïda.

Les intérêts des deux régions se sont trouvés en opposition sur cette importante question.

Devait-on relier directement Tébessa à Philippeville par Constantine ou se borner à développer le trafic de la ligne de Tébessa à Bône par Souk-Ahras.

Il a paru possible de concilier les deux systèmes, sans pour cela porter atteinte aux intérêts généraux de l'Algérie en les sauvegardant au contraire et ce en établissant la ligne Tébessa à Aïn-Beïda et le tronçon de la Meskiana à Morsott.

La section d'Aïn-Beïda à la Meskiana d'une longueur de 45 kilomètres sur laquelle 9 kilomètres existent déjà, coûtera environ 1,925,000 francs, soit 55,000 francs au kilomètre.

Le trafic probable ne sera pas supérieur à 2,500 francs par kilomètre, les frais d'exploitation s'élèveront à 2,700 francs par kilomètre.

De la Meskiana à Tébessa divers tracés ont été étudiés.

Celui qui parait devoir être admis passera à une assez faible distance du centre de Youks, la dépense totale serait de 3,965,000 francs.

Les recettes ne seront pas supérieures à 1,800 francs par kilomètre, avec une dépense d'entretien de 2,700 francs.

Ces résultats pourront être modifiés si l'on ouvre la ligne de soudure avec la Tunisie.

L'intérêt de cette ligne devient plus manifeste par la création du tronçon de la Meskiana à Morsott dont le coût total serait de 2 millions environ pour 35 kilomètres, soit 57,000 francs par kilomètre.

Le total de ces trois sections serait le suivant :

d'Aïn-Beïda à la Meskiana	1.925.000
de la Meskiana à Tébessa.	3.965.000
de la Meskiana à Morsott.	2.000.000
Total	7.890.000

Il y aurait lieu de porter pour mémoire des tronçons dont la nécessité se fera sentir ultérieurement et qui pourront être construits par les collectivités intéressées, notamment le tronçon de Youks à un point M figuré sur une carte établie le 20 janvier 1905 par M. l'ingénieur Souleyre à l'appui d'un rapport sur l'ensemble des tracés (le coût en serait de 575,000 francs), et des raccords avec la frontière tunisienne.

En outre des produits de ces deux régions, lorsque l'embranchement de Youks pourra être établi, les lignes ci-dessus desserviront les gisements de phosphates de Tasbent en même temps qu'elles faciliteront l'écoulement des phosphates des autres points déjà en exploitation.

La ligne de la Meskiana à Morsott traversera enfin la zone productive d'alfa.

Il est bon d'ajouter que la Tunisie construisant une ligne ferrée de Tunis à Kalaa es Senan, à proximité de la frontière, la jonction des lignes tunisiennes et algériennes à voie étroite sera des plus simples à réaliser.

Au point de vue stratégique l'intérêt est considérable.

La jonction des lignes algériennes et tunisiennes réalisé un progrès.

Actuellement les communications entre l'Algérie et la Tunisie sont assurées simplement par la ligne Duvivier-Souk-Ahras pourvue de locomotives faibles et peu nombreuses sur un tracé à fortes déclivités.

En cas de guerre européenne le transport des troupes serait lent pour atteindre le point possible de débarquement.

« L'exploitation des minières de l'Ouenza et du Bou-Kadra donnait une occasion unique d'assurer les destinées militaires de l'Afrique française » dit M. l'ingénieur Souleyre dans le rapport sus visé.

La ligne d'Aïn-Beïda à Tébessa prolongée sur Kalaa Djerda réaliserait imparfaitement ce desiderata qu'il est préférable d'obtenir par Morsott et Kalaa es Senam.

Cet ensemble de considérations a amené la commission de l'emprunt à comprendre dans le programme le tracé dont il s'agit.

De nombreuses critiques ont été faites à cette solution en raison du raccord la Meskiana Morsott. On a prétendu que ce tronçon ne desservait aucune région importante et faisait double emploi avec les autres lignes, qu'il était donc inutile.

Mais ces critiques doivent céder devant l'intérêt stratégique qui du reste paraît se joindre à l'intérêt économique.

Nous vous proposons donc d'admettre comme ligne de première urgence les trois lignes ci-dessus examinées.

Telles sont les conclusions auxquelles votre commission s'est arrêtée tant en ce qui concerne la proposition de l'administration qu'en ce qui concerne les amendements présentés par les membres des délégations.

Les considérations qui précèdent permettent de répondre à deux objections faites au programme d'emprunt et aux travaux de notre commission.

Tout d'abord on vient nous dire que le programme des travaux n'est nullement étudié, ensuite que les conclusions que nous proposons ne répondent à aucune idée générale, qu'elles ne constituent pas un ensemble, que les lignes projetées ne sont que des tronçons sans relations et sans rapports entre elles et avec l'intérêt général.

Cela n'est pas exact ; tous les réseaux examinés et acceptés par nous ont fait l'objet de vœux, de demandes de la part des collectivités plus particulièrement intéressées.

Des études préliminaires en ont été faites qui ont permis de déterminer un tracé approximatif, le montant de la dépense les conséquences économiques de leur réalisation.

Aucun des chiffres donnés dans le présent rapport n'a été imaginé de toutes pièces.

Tous les renseignements sont le résultat d'études, de travaux très sérieux sur lesquels il est permis de se baser pour étayer des présomptions excessivement sérieuses.

Quant à l'ensemble du programme il répond à une vue générale.

Tous les travaux demandés pour le département d'Oran concourent à un résultat bien précis : réunir les différents réseaux de ce département entre eux, se rapprocher du Maroc, établir un ensemble de lignes tendant à la pénétration effective du commerce dans ce pays où de si grands intérêts nous appellent et où nous devons combattre l'influence étrangère qui cherche à s'y développer.

La ligne de Relizane à Prévost-Paradol modifie dans un sens favorable la grande ligne Mostaganem-Tiaret.

Les lignes Uzès-le-Duc à Mascara et Tizi à Bel-Abbès réunissent les différents réseaux et rapprochent Tiaret du Maroc.

La ligne Tlemcen-Beni-Saf établit une relation directe, rapide, avec ce même pays.

C'est donc un intérêt général incontestable que nous défendons en même temps que nous sauvegardons de nombreux intérêts régionaux.

Dans le département d'Alger, c'est la grande ligne Alger-Laghouat, dont l'intérêt économique et stratégique est depuis longtemps démontré, — ligne de pénétration dans le sud du département devant porter aux populations la vie matérielle en même temps qu'elle concourt à la défense et à la protection, — ligne perpendiculaire à la mer, coupant le département d'Alger en deux parties à peu près égales.

A l'est, c'est la grande ligne Djidjelli-Constantine, de 200 kilomètres de longueur, traversant des régions non desservies et rejoignant le réseau de l'est et du sud du département ; puis la ligne d'Aïn-Beïda à Tébessa, point de départ d'un grand réseau traversant tout le sud du département de Constantine et amorçant une ligne de pénétration en Tunisie, perpendiculaire au deuxième, grâce au tronçon de la Meskiana à Morsott.

C'est par ses nombreuses voies de communication que l'Algérie développera ses richesses économiques, se dirigera sur les régions voisines, y pénétrera dans l'avenir ; que nous parviendrons à faire prédominer l'influence française et à annihiler les influences étrangères qui ne peuvent s'exercer que par les relations maritimes.

Vous ne devez donc pas hésiter à consacrer définitivement les travaux de notre commission sur ces différents points, mûrement réfléchis, mûrement étudiés et frappés au coin de l'intérêt général le plus absolu.

Nous avons maintenant à examiner les travaux complémentaires compris au programme de l'emprunt pour 24 millions environ, dont :

1° Transformation des lignes de Souk-Ahras et à Tébessa	7.000.000 fr.
2° Renforcement de la ligne de l'Est-Algérien entre Maison-Carrée et Constantine.	11.000.000 »
3° Augmentation du matériel roulant de ce réseau	6.190.000 »
Total	24.190.000 fr.

La commission d'examen du programme de l'emprunt est d'avis d'exécuter les travaux projetés et les achats de matériel, si la nécessité en est démontrée.

Sur ce point aucun doute n'est possible.

Ligne de Bône a Souk-Ahras et a Tébessa

Cette ligne a atteint son maximum de trafic dans la partie comprise entre Duvivier et Tébessa.

Les gisements de phosphates à exploiter sont au nombre de deux : le gisement de Bou Kadra à 11 km. à l'est du km. 80 de la ligne et le gisement de l'Ouenza à 25 km. à l'est du km. 58. Actuellement il n'est résulté de l'exploitation qu'une extraction de 300,000 tonnes environ.

Cette extraction pourrait atteindre 700,000 tonnes de plus avec les modifications proposées,

On voit quel important résultat il s'agit d'atteindre, quels seraient les bénéfices produits par les transports.

Plusieurs projets sont en présence : transformer totalement la ligne de Tébessa à Souk-Ahras en voie large de 1m44 ; ne la transformer en voie large que sur une partie du tracé, soit jusqu'à la Medjerdah ; enfin, maintenir la voie étroite sur tout le parcours, en la modifiant et la doublant au besoin.

L'administrati n parait s'être arrêtée à la deuxième solution qui, au point de vue budgétaire, paraît la plus favorable.

Des critiques ont été faites à cette solution qui ne supprime pas le transbordement et par suite grève la marchandise de frais assez élevés.

Il serait difficile, dans cette situation, de formuler un avis ferme. La commission ne peut que prier l'administration d'étudier de plus près les différentes solutions et d'admettre celle qui sera de nature à donner satisfaction aux intéressés.

La somme de 7 millions prévue en dépense paraît suffisante pour cette modification.

Renforcement de la ligne de l'Est-Algérien

La ligne de Maison-Carrée à Constantine a été construite avec des rails de 25 kilogr. au mètre.

Ce type n'offre pas une résistance suffisante pour qu'on y puisse faire circuler en toute sécurité des trains rapides et lourds dont la marche exige des locomotives puissantes ayant, par suite, une charge relativement élevée.

La compagnie P. L. M. dont l'ancien rail pesait 36 kil. opère son renouvellement de voie sur la ligne Alger-Oran avec des barres d'acier de 34 k. 200, mais le réseau de l'Est ayant un profil plus accentué a besoin de machines plus puissantes pour obtenir une égale vitesse et la possibilité de traction de même poids. La compagnie l'avait compris et déjà avait opéré une première modification en remplaçant les rails de 25 k. par des rails de 28 k.

Cette amélioration est insuffisante, il ne faut pas hésiter pour donner à ce réseau son maximum de rendement et favoriser le transport des voyageurs, à adopter le rail de 35 à 40 k.

La dépense de réfection au mètre courant de voie, déduction faite du matériel retiré, peut être évaluée à 30 francs.

La somme de 11,000,000 qui vous a été demandée sera suffisante pour opérer cette amélioration ; elle permettra de mettre la voie en état d'être parcourue par des trains lourds ou de grande vitesse.

En ce qui concerne l'acquisition du matériel roulant, il m'a paru que je n'avais qu'à me reporter aux observations présentées par l'administration et que je vous rappelle ici.

L'effectif des machines et des voitures de l'E.-A. est des plus restreints. Il comporte en effet 71 machines seulement pour 898 kilom. exploités, soit un coefficient de 0,079 par kilom. Ce coefficient est de 1,559 pour le P.-L.-M. et de 1,108 pour l'O.-A., de 0,109 pour le B.-G. et en moyenne de 1,213 pour ces 3 dernières compagnies.

Quant aux voitures à voyageurs le nombre de places offertes par la compagnie de l'E.-A. à 100,000 voyageurs kilométriques est de 9,72 seulement contre 10,36 par le P.-L.-M., 12,41 par l'O.-A., 12,08 par le B.-G., soit en moyenne 11,52 pour ces trois dernières compagnies.

Comme première amélioration la direction des chemins de fer de l'état se propose de porter respectivement de 0,0983 à 11,52 les coefficients des machines et des voitures et par suite d'augmenter l'effectif actuel de 17 locomotives et de 27 voitures.

D'autre part la diminution notable des taxes (15 0/0 environ), qu'entrainera l'unification des tarifs de petite vitesse est appelée à provoquer un accroissement rapide du trafic. Cet accroissement sera très sensible dès 1909. Il importe au plus haut degré que le matériel suive une progression parallèle de façon à se trouver toujours au niveau des exigences du public.

Or, si l'on tient compte des délais ordinaires de construction des locomotives, voitures et wagons et des délais supplémentaires qu'occasionnera la situation de l'industrie nationale, il semble difficile que les commandes faites au lendemain de la reprise du réseau puissent être livrées avant le cours de l'année 1909. Il est donc de toute nécessité que ces commandes correspondent au développement du trafic d'ici à 1909. D'après l'expérience de son exploitation, la direction des chemins de fer de l'état estime qu'elles devront comprendre 3 locomotives, 3 voitures et 200 wagons.

En totalité, le matériel nouveau à mettre en service en 1909 comprendra donc :

20 locomotives avec leurs tenders;

30 voitures à voyageurs et 200 wagons à marchandises.

La dépense à prévoir, pour ces acquisitions, est de 6,190,000 francs.

Après l'exécution des diverses lignes comprises au programme, la consistance du réseau des chemins de fer d'intérêt général sera la suivante :

	Longueur des lignes			
	Départem. d'Alger	Départem. d'Oran	Départem. de Constantine	Totale
Ancien réseau	540	967	1.196	2.703
Nouveau réseau { lignes à construire .	198	252	200	650
Nouveau réseau { lignes à racheter . .	»	77	»	77
Total.	738	1.296	1.396	3.430
Chemin de fer Sud-Oranais. . .	»	497	»	497
Bône-Aïn-Mokra	»	»	33	33
Ensemble	738	1.793	1.429	3.960

Je n'ai pas à examiner les voies et moyens non plus que l'ordre de priorité des travaux projetés. Il appartiendra à l'administration de prendre sur ce dernier point toutes les mesures propres à sauvegarder les intérêts de chacun ; il lui appartiendra surtout, et nous en avons la promesse, de hâter l'exécution de ces travaux et de ne pas se renfermer strictement dans les délais donnés à titre de simple indication dans le programme préparé par elle.

Toutes nos régions attendent avec impatience la réalisation de ces projets. Nous prions le gouvernement de favoriser l'essor de la colonie en donnant satisfaction dans la mesure du possible à ce légitime désir.

L'ensemble de ce programme augmentera notre réseau de chemins de fer de plus de 900 km, fortifiera les lignes de l'Est-Algérien et du Bône-Guelma, augmentera leur trafic et leur puissance commerciale.

Si les départements veulent suivre la colonie dans cette œuvre, nous verrons à bref délai l'Algérie sillonnée de voies de communication rapides favorisant son développement économique, augmentant sa prospérité, propageant la colonisation et donnant à notre pays les moyens de bénéficier de toutes les richesses qu'il possède. Nous assurerons notre domination dans les pays du nord de l'Afrique, nous faciliterons la défense militaire, nous favoriserons notre pénétration dans les pays limitrophes et ce jusqu'à ce que entraînés par les besoins incessants d'un peuple riche, nous soyons amenés à faire de nouveaux sacrifices dans l'intérêt de ce pays qui montrera à la métropole qu'il n'est pas, ainsi qu'on l'a dit autrefois, un boulet qu'elle traîne après elle.

Le Rapporteur,

LISBONNE.

Routes

Messieurs,

Vous avez bien voulu me confier le soin de résumer en ces lignes les décisions prises par vous pour le choix et la dotation des routes et ouvrages d'art.

Dans cette colonie aux initiatives hardies, vous avez pensé qu'il ne fallait plus se borner à suivre nos fervents pionniers dans leurs pointes audacieuses souvent hérissées d'écueils.

Vous voulez aujourd'hui supprimer ces difficultés, marcher devant eux et leur ouvrir le champ où leur activité féconde pourra s'affirmer dans un essor trop longtemps contenu.

Vous voulez consolider vos créations premières, vivifier les nouvelles, leur amener les produits de plus en plus nombreux de nos régions qui vous récompenseront des sacrifices consentis.

L'emprunt vous permettra d'accomplir cette œuvre. La route sera votre meilleure auxiliaire. Il faut en créer partout où il y aura un intérêt de colonisation marqué.

Vous avez retiré des propositions sages de l'administration celles qui répondent à ce but. Témoins dans vos sphères respectives des nouveaux besoins de vos contrées, prévoyants du lendemain, vous avez voulu donner une impulsion nouvelle à ces créations.

Vous avez réparti dans un sentiment d'équité et de fraternité algériennes les dotations sur les diverses régions de la colonie afin de mener de front partout le développement harmonique de vos forces vives.

Les propositions étaient nombreuses. Il aurait fallu plus de cinquante millions pour y satisfaire. Vous en avez fait un élagage consciencieux et n'avez retenu que les plus urgentes.

Devant l'impérieux besoin du moment, vous avez décidé que les routes seraient dotées en première ligne sur les fonds d'emprunt.

A. — *Programme primitif*

Sur le premier programme, il vous reste à dépenser une somme de 13,363,860 francs divisée ainsi par département :

Alger	6.091.000 fr.
Oran	3.909.000 fr.
Constantine . .	3.363.860 fr.
	13.363.860 fr.

Les projets provenant d'études nouvelles, de propositions intéressantes faites à la suite des affectations du premier emprunt, ont été soigneusement étudiés. Dans votre session de 1906, vous avez décidé d'imputer tout d'abord sur le 2e emprunt les sommes nécessaires à l'achèvement des projets de ce premier programme que nous qualifierons de *primitif*.

Vous avez adopté cette manière de faire.

Programme complémentaire

Devant les demandes nouvelles de plus en plus pressantes, l'administration a tenu à consulter les conseils généraux sur l'urgence et le classement des nouveaux projets.

D'accord avec eux, elle nous a présenté ce programme complémentaire que nous classerons en sections distinctes :

B. — Nouvelles routes nationales ;

C. — Pavage des routes nationales ;

D. — Nouvelles routes et ouvrages ;

E. — Vous y avez joint les chemins supplémentaires que vous avez proposés et arrêtés après mûres délibérations.

Les nouvelles routes nationales présentent un intérêt vraiment colonial et essentiellement stratégique. Elles existent déjà en partie comme chemins de grande communication.

Leur classement nouveau permettra aux départements de reporter leurs ressources sur de nouvelles créations ou sur l'entretien de chemins nouveaux dont la construction est décidée, et qu'ils n'auraient pu entretenir sans cette modification.

Depuis 1881, le gouvernement avait proposé cette extension du réseau national. De gros projets avaient été présentés par le service technique. Ils avaient été admis en principe, mais les dépenses furent jugées trop lourdes.

Avec le nouvel emprunt, nous allons pouvoir réaliser en partie cette réforme économique.

Nous avons opéré là aussi un triage de projets du plus gros intérêt et les avons classés ainsi par départements :

B. — *Routes nationales nouvelles*

	Alger	Oran	Constantine
	—	—	—
Route de la frontière tunisienne à Mostaganem par le littoral.	600.000	710.000	1.418.000
Route de Marnia à Adjeroud par Bou-Djenane. . .	455.000	»	»
Route d'Arzew à El-Aricha par le Tlélat-Bel-Abbès-Bedeau	415.000	»	»
Route de Tizi-Ouzou à Beni-Mançour par Fort-National.	»	364.000	»
Route de la Calle à Tébessa par le Tarf	»	»	882.000
Totaux.	1.470.000	1 074.000	2.300.000
Totaux généraux. . .	4.844.000		

N. B. — Le classement de la route nationale de la Calle à Tebessa est subordonnée au déclassement par le département de Constantine de la route nationale n° 10 de Constantine à Tebessa, moins importante. L'administration voudra bien engager toute négociation utile à cet effet.

Le recueil du projet du nouvel emprunt donne d'une façon claire les raisons qui militent en faveur de ces classements (voir pages 159 à 164). Nous jugeons inutile d'y revenir ici, ces raisons nous ont paru suffisamment justifiées.

C. — *Pavages sur les routes nationales*

Oran :

Traverse de la route nationale n° 4, à Oran.	100.000	
Traverse de la route nationale n° 7, à Sidi-bel-Abbès. .	188.000	
Traverse de la route nationale n° 7, à Mascara	100.000	
Pavage de la route nationale n° 4, à Oran La-Senia	200.000	
Total.	588.000	588.000

Alger :

Traverse de la route nationale n° 1, à Boufarik. . . .	100.000	
Route nationale n° 5, à Maison-Carrée-Rouïba	700.000	
Total.	800.000	800.000

Constantine :

Traverse de la route nationale n° 3, à Batna	130.000	
Traverse de la route nationale à Bône.	180.000	
Traverse de la route nationale n° 5, à Sétif.	108.000	
Traverse de la route nationale n° 3, à Constantine. . .	66.000	
Total.	484.000	484.000
Totaux généraux		1.872.000

Les pavages dans la traversée des villes sont une amélioration d'ordre éminemment hygiénique.

Ils s'imposent aux abords des grands centres où la circulation est intense, où les frais d'entretien sont une charge supérieure à celle nécessitée par l'importance du capital à rémunérer.

Ils sont aussi d'une circulation plus aisée par le public.

A ces divers points de vue, il vous a paru utile de doter les parties les plus urgentes sur les fonds d'emprunt afin d'en permettre la construction immédiate, vous vous êtes promis pour l'avenir de doter sur les fonds de réserve ou du budget ordinaire les points où ces améliorations présenteraient le même caractère d'économie et de salubrité publique.

D. — *Programme complémentaire de chemins présenté par l'Administration*

Oran :

Frendah, Prévost-Paradol, par Medroussa	300.000	
Marnia à El-Aricha par Sidi Djelili.	500.000	
(Terrassements et ouvages d'art).		
Voie d'accès du port à la gare d'Oran	850.000	
Grande communication n° 8, de Renault à Tiaret, par Ammi-Moussa (subvention).	200.000	
Oued Taria à Tagremaret .	150.000	
Total.	2.000.000	2.000.000

Alger :

Michelet à Azazga.	200.000	
Grande communication n° 16. Retour de la chasse à Palestro		

Traversée de Bouzegza . .	90.000	
Guetta à Vialar entre Masséna et Vialar (subvention) . .	300.000	
Grande communication Molière à Boghar (section de Kherba à Boghar)	40.000	
Intérêt commun n° 37. — Bou Ghezoul à Chellala . . .	372.000	
V. O. n° 2. — Tizi-Ouzou à Boghari (Pont sur l'oued Fali)	35.000	
Grande communication n° 3. Adélia à Renault (subvent.) .	200.000	
Alger à Maison-Carrée par le bord de la mer.	500.000	
Total.	1.737.000	1.737.000

Constantine :

Grande communication n° 15. Sétif à Bougie par le caravansérail	1.000.000	
Aïn-Tagrout à Lafayette. .	290.000	
Intérêt commun n° 33. Constantine à Aïn-Abid . . .	55.000	
Intérêt commun n° 11. Sétif à Mac-Mahon	550.000	
Barika à N'gaous.	195.000	
Youks à Cherfa (subvention)	45.000	
Pont sur la Seybouse au Nador (subvention)	90.000	
Pont sur la Soumma . . .	158.000	
Total.	2.383.000	2.383.000
Total général		6.120.000

70 chemins nouveaux étaient demandés. Un premier triage a été fait par l'administration. Nous n'avons retenu que les projets d'un intérêt général bien défini. Nous avons fait quelques modifications de détail sur le désir des intéressés, que nous vous prions de ratifier; elles ne changent pas les chiffres globaux.

Nous avons supprimé le crédit de 200,000 du chemin d'Hammam-bou-Hadjar à Temouchent, comme faisant double emploi avec celui de 243,000 fr. porté au titre de la colonisation, (page 342).

Sur le conseil de M. le directeur des travaux publics et d'accord avec les délégués oranais, nous avons reporté cette somme sur la voie d'accès du port d'Oran dont le coût sera supérieur aux premières prévisions. Car il faudra édifier un immeuble, et faire des travaux de constructions qui dépasseront le million. Cela portera cette dotation à 850,000 francs. Le chiffre global ne sera pas changé.

Sur la demande des délégués algérois et d'accord avec M. le directeur des travaux publics, nous avons reporté la dotation du n° 10 sur le n° 8 qui présente un intérêt plus grand.

Sur la demande des délégués constantinois et après avis conforme de l'administration, nous avons reporté la dotation du chemin d'intérêt commun n° 54 sur le chemins n° 11 de Sétif à Mac-Mahon. Cela ne change pas le total général.

Nous ne vous rappelerons pas les raisons qui subsistent en faveur des dotations de ce programme complémentaire. Il vous suffira de vous reporter aux considérations exposées par l'administration.

Elles vous ont paru suffisamment rationnelles et vous en avez décidé l'adoption (voir pages 179 à 189 du projet du nouvel emprunt).

Nous passons enfin aux propositions additionnelles choisies et présentées par vous comme présentant un égal degré d'urgence.

E. — *Propositions additionnelles au programme complémentaire*

Alger :

Dellys à Port-Gueydon, intérêt commun n° 20	300.000	
Aumale à Bouïra, grande communication n° 27	160.000	
Orléansville, Masséna à Ammi-Moussa	150.000	
Bérard à Oued-el-Alleug, intérêt commun n° 8	135 000	
Pont sur l'Oued-Djer	25.000	
Azazga à Akbou	350.000	
Dra-el-Mizan à Michelet	200.000	
Courbet à Dellys	200.000	
El-Biar à Boulevard Bon-Accueil	300.000	
Bou Medfa à Médéah	200.000	
Total	2.020.000	2.020.000

Constantine :

Philippeville à Filfilla, nouveau n° 1	200.000	
Pont sur l'Oued-Kébir	40.000	
Constantine à Djidjelli n° 2	200.000	
Oued-Athménia à Rouffach n° 34	310.000	
Bône à Herbillon n° 16	300.000	
Batna-Biskra par Oued-el-Abiod n° 32	440.000	
Chamora à Aïn-Yagout	20.000	
Fedj-M'Zala à Tamentout, n° 25	480.000	
Total	1.990.000	1.990.000

Oran :

Thiersville à Aïn-Sultan. . .	350.000	
Aïn-Fekan à Ouizert	100.000	
Frendah-Martimprey par Djilali-ben-Amar	100.000	
Frendah-El-Ousseukh. . . .	300.000	
Bedeau-Bossuet.	270.000	
Chanzy-Mercier-Lacombe . .	533.000	
Laurier-Rose à Aïn-Guendoul.	50.000	
Saïda-Aïn-Hassesnas par Aïn-el-Hamra	150.000	
Bou-Rachel-Le Kreider . . .	100.000	
Tlemcem. Traverse de la route nationale	37.000	
Total.	1.190.000	1.990.000
Total général.		6.000.000

Alger. — Les raisons suivantes ont présidé au choix de ces chemins.

Dellys à Port-Gueydon, I. C. n° 20. — Il y a une lacune que le présent crédit va combler afin de permettre à cette voie les pleins services qu'on en attend. Ce chemin du littoral dessert une région très riche.

Aumale - Bouira, G. C. n° 27. — Ce chemin dessert un territoire en partie colonisé. Il va permettre de développer la colonisation sur de plus grandes profondeurs. Il donnera accès plus facile aux sources d'eau chaude et sulfureuse très fréquentées. Un centre est projeté sur son parcours.

Orléansville. — Ammi-Moussa, par Masséna. — Il existait une lacune dans la jonction du département d'Alger au département d'Oran. Ce crédit va la combler. Ces centres seront enfin reliés. Des relations suivies se produiront qui ne pourront que contribuer à leur prospérité. La région est fertile et abonde en terres de culture.

Bérard à Oued-el-Alleug, I. C. n° 8.— Pont sur la Chiffa. — Cet ouvrage est de première urgence. Il reliera les centres importants d'Oued-el-Alleug, Attatba et Bérard et desservira une plaine très riche. Il substituera le pont projeté sur le chemin n° 11 qui n'a pas le même degré d'urgence.

Pont sur l'oued Djer. — Cet ouvrage est destiné à faciliter les relations avec la gare voisine dans une région coupée de communication sur une profondeur de 20 kilomètres. Il sera établi à distance médiane. Les riches exploitations qui en sont tributaires y trouveront un regain de prospérité.

Alger. — Azazga à Akbou. — C'est une subvention qu'on accorde. Elle permettra de construire les ouvrages d'art dans cette région accidentée et riche. La dépense totale serait considérable Les communes intéressées se sont engagées à faire la chaussée avec leurs contingents importants.

Dra-el-Mizan à Michelet. — C'est une subvention également que nous accordons pour le même objet. Le pays est fort accidenté. Les communes feront la route avec leurs ressources.

Courbet à Dellys. — Ce sera une route de littoral. Elle desservira une région très fertile négligée jusqu'à ce jour faute de chemins. La colonisation s'y développera rapidement.

El-Biar - Boulevard Bon-Accueil. — C'est une voie d'accès au port, qui s'impose dans une grande ville comme Alger. Elle dégagera le gros charroi qui s'opère actuellement par les tournants Rovigo, et qui est une cause d'encombrement et de danger pour la circulation publique. Elle réalisera en outre une économie de trajet de trois kilomètres aux produits du Sahel.

Bou-Medfa à Médéa. — Ce chemin desservira principalement une région de montagne dont les produits s'écoulent difficilement sur la voie ferrée de la plaine. Des fermes importantes se sont créées sur le plateau dans le Goutass. Elles se développeront avec cette voie d'accès.

Constantine. — Philippeville à Filfila, nouveau n° 1. — Ce chemin desservira le centre projeté de Filfila et les colons du bassin du Saf-Saf. Il permettra l'exploitation des chênes-liège, marbres et gisements miniers abondants sur son parcours. Etabli en bordure de la mer, il facilitera l'accès au port de Philippeville. Cette ville y attache une telle importance qu'elle a décidé d'y reporter les 150,000 francs qui lui avaient été alloués pour travaux d'assainissement de la plaine de Zéramna.

Pont sur l'Oued-Kébir

Cet ouvrage à établir dans la commune mixte des Beni-Salah reliera deux rives où les cultures sont très développées. Les colons y étaient bloqués l'hiver quand la plaine était submergée. Cet état de choses très préjudiciable va cesser avec cette construction.

Constantine-Djidjelli, n° 2. — Le département de Constantine a eu l'heureuse idée de classer ce chemin de grande communication jusqu'à l'hôpital de Constantine. Il s'agit maintenant de le terminer. On évitera ainsi de grands détours. On donnera de plus grandes facilités à la circulation publique dans cette grande ville.

Oued-Athménia-Rouffach, n° 34. — Ce chemin desservira un bassin minier important, une région très riche où se trouvent de belles fermes. On y remarque celle du grand chef indigène de Biskra. Les exploitations projetées y trouveront une facilité de communication qui ne pourra que concourir à leur développement.

Constantine. — Bône à Herbillon, n° 16 (par Bugeaud). — Ce chemin dessert une région très pittoresque. Il va permettre de combler une lacune qui empêchait l'exploitation rationnelle des forêts et des gisements miniers qui se trouvent sur son parcours. Au point de vue stratégique, il rendra de réels services,

Batna. — Biskra (par Oued el Abiod) n° 32. — Ce

chemin est appelé à desservir le centre projeté de Medine. Sur son parcours se trouvent des parcelles de terres irrigables de grande valeur, situées dans le fonds des vallées. On y trouve des gisements miniers dont l'exploitation sera facilitée par cette construction. Il présente également un caractère stratégique.

Chamora à Aïn-Yagout. — Ce chemin traverse une région riche en produits de toutes sortes. Il y existe une lacune qui va être comblée. Il permettra d'utiliser toute cette section paralysée jusqu'ici dans son développement.

Fedz M'Zala à Tamentout, n° 25. — Ce chemin traverse la grande plaine de Tadjouat, riche en céréales Il en assurera le développement. Il se raccordera avec la route de Fedj M'Zala à Milah.

Oran. — Thiersville à Aïn-Sultan. — Ce chemin desservira le fond de la plaine d'Eghris si riche en céréales, le beau plateau de Bénian où se trouvent les vestiges d'une colonie romaine, et remontera la vallée de Tafrit pour s'avancer au centre projeté d'Aïn-Sultan.

La colonisation s'est déjà développée sur son parcours et ne demande que cette facilité de relations pour s'étendre plus avant.

Aïn-Fekan. — Ouizert. — Ce chemin desservira les agrandissements d'Aïn-Fekan, de nombreuses fermes qui viennent de se créer sur 5,000 hectares environ. Il poussera à la mise en valeur d'une superficie double de bonne terre. C'était l'ancienne route de Mascara à Saïda.

Frendah à Djilali-ben-Amar, par Martinprey. — Cette voie rapprochera Martinprey de la gare de Djilali de 50 kilomètres. Ce sera une grosse amélioration pour son développement, car il est à 90 kilomètres de Mascara, son seul débouché actuel. Des terres riches, des forêts, de l'eau abondante se trouvent sur son parcours. Un centre pourra être créé à mi-chemin.

Frendah-El-Ousseukh. — Cette voie présente un caractère stratégique de premier ordre. Elle s'embranchera sur la grande ligne de Tiaret-Aflou. Sur son parcours, riche en terres de culture et en sources, on pourra créer de belles fermes, des villages prospères.

Bedeau à Bossuet. — Cette section desservira une contrée qui se colonise depuis quelques années. D'importantes fermes se trouvent sur son parcours ; d'autres s'y créeront. Elle permettra l'exploitation de beaux peuplements forestiers. Elle facilitera l'écoulement des alfas abondants aux environs.

Chanzy. — Mercier-Lacombe. — Cette voie passant à Ténira suivra cette vallée jusqu'auprès de Mercier-Lacombe. Elle est déjà sillonnée de grandes fermes. D'autres s'y développeront avec cette facilité de communications. C'est une région riche en terres excellentes, en eau, en produits forestiers.

Lauriers-Roses, Aïn-Guendoul. — Ce petit tronçon de 10 kilomètres permettra l'accès du plateau d'Aïn-Guendoul, bloqué actuellement pour ainsi dire. Tout est mis en valeur sur son parcours. Des fermes importantes y sont implantées ; elles sont paralysées dans leur développement par l'impraticabilité de la piste en montagne. Cette construction remédiera à cette situation.

Saïda aux Hassasnas par Aïn-el-Hamra. — Ce chemin facilitera l'accès du riche plateau des Hassasnas. La colonisation s'y est déjà postée. Des fermes comportant plus de 9000 hectares y ont été créées. D'autres s'y feront et tripleront en superficie de culture dès l'établissement de la route. Un centre y est projeté.

Bou-Rached, Le Kreider. — Ce chemin dont le classement a été demandé comme route nationale, desservira la belle plaine de Maâlif, divers points d'eau et le Kreider. Une colonisation importante s'établit déjà sur son parcours initial et s'y développera. Ce sera également une voie stratégique.

RÉCAPITULATION

A. — Programme primitif	13.363.860	fr.
B. — Routes nationales nouvelles .	4.844.000	»
C. — Pavages sur les routes nationales	1.872.000	»
D. — Programme complémentaire des chemins	6.120.000	»
E. — Programme additionnel des chemins	6.000.000	»
Total général	32.199.860	fr.

L'effort à faire est grand : vous y attachez le plus grand intérêt. Il est digne de la colonie. Il va la transformer et lui donner une regain de vitalité qui comblera vos plus légitimes espérances. Nous avons constaté ici que plus on mettait de facilité de circulation à la portée du colon, plus il colonisait et s'aventurait même en avant de la route au fur et à mesure qu'elle se construisait.

Je dois rappeler en terminant les résolutions essentielles qui ont présidé à ces constructions et répartitions :

1° Les dotations seront sensiblement égales pour chaque département ;

2° Les chemins seront ouverts à six mètres, mais l'empierrement ne sera fait qu'à 3m50 maximum, à 3 mètres sur les sections à faible trafic ;

3° Il ne sera construit de chemins que ceux dont les départements auront déclaré assumer les charges d'entretien.

Le Rapporteur,

CARRAFANG.

Travaux maritimes

Lorsqu'en 1902, les assemblées algériennes ont voté l'emprunt de 50 millions, le service des travaux maritimes, à la répartition des fonds, avait été doté d'une somme de 12 millions réduite à 11,910,000 francs, déduction faite des frais généraux de l'emprunt.

Comme dans la plupart des autres services, cette somme ne tarda pas à être reconnue insuffisante pour l'exécution complète du programme établi, à cette époque, par l'administration. La somme définitivement nécessaire pour l'accomplissement du programme de 1902, en ce qui concerne les travaux maritimes, a été fixée à 7,081,600 francs. La commission a décidé d'imputer cette somme, en première ligne, sur le nouvel emprunt, au prorata des dépenses prévues et dans les proportions suivantes pour chaque département :

Département d'Oran.	2.754.000 »
Département d'Alger	2.360.600 »
Département de Constantine	1.967.000 »
Total égal. . . .	7.081.600 »

Cette imputation ne pouvait soulever de difficultés, en raison des engagements pris et des travaux en cours. Il était, cependant, indispensable de connaître à quels engagements et à quels travaux devait s'appliquer ce dépassement considérable de 7,081,600 francs. Il résulte des renseignements fournis par l'administration que la somme de 2,754,000 francs affectée au département d'Oran a pour but de compléter le programme des travaux maritimes de 1902 en ce qui concerne les ports d'Oran, d'Arzew et de Mostaganem. Celle de 2,360,600 francs est exclusivement relative au port d'Alger et celle de 1,967,000 francs doit s'appliquer aux ports de Bougie, Djidjelli, Collo et Bône.

En dehors de ces travaux prévus en 1902 et qui, avec la somme de 7,081,600 francs, absorberont une somme globale de 19 millions, des travaux complémentaires s'imposaient. Il était raisonnablement impossible de laisser incomplets et inachevés des travaux pour lesquels de si grands sacrifices avaient déjà été accomplis. Les ports sont aussi indispensables que les chemins de fer et les routes. Ils en constituent le complément et la continuation. Qu'importe à un pays de produire beaucoup, s'il ne peut échanger ses produits avec ceux des pays étrangers? Les ports seuls permettent cet échange international. Ils sont un des éléments essentiels de la prospérité d'un pays et surtout d'une colonie.

Aussi la commission de l'emprunt n'a-t-elle pas hésité à adopter le programme des travaux maritimes complémentaires proposé par l'administration et a décidé que le montant de ces travaux serait imputé sur les fonds du nouvel emprunt jusqu'à concurrence d'une somme de 16,081,600 francs, y compris les 7 millions destinés à l'achèvement du programme primitif. Les 9 millions restants ont été répartis par la commission de la façon suivante :

2 millions pour le port de Nemours ;
500,000 francs pour le port de Mostaganem ;
1,500,000 francs pour le port de Ténès ;
2,000,000 de francs pour le port d'Alger ;
Et 3 millions pour le port de Djidjelli.

Il est indispensable de passer en revue ces différents ports pour déterminer exactement les travaux neufs ou complémentaires à effectuer et en démontrer la nécessité.

Port de Nemours

Le port de Nemours est situé au fond d'une anse sablonneuse de 1.300 mètres environ d'ouverture, limitée à l'est et à l'ouest par deux pointes rocheuses à falaises très escarpées. Les navires mouillent à l'abri des falaises de l'une ou de l'autre extrémité, suivant la direction des vents et les opérations commerciales se font au moyen de barques. Du côté de l'est, auquel correspond la plus grande partie du trafic se trouve un quai de 40 mètres de longueur, abrité par une petite jetée de même dimension. Du côté de l'ouest, il n'y a qu'un quai de 42 m. 50 de longueur, relié à la ville par un chemin qui traverse à gué l'oued Gazouana. La ville est protégée contre la mer par un perré établi sur la plage et d'une longueur de 175 mètres, prolongé par une digue en enrochements de 270 mètres. Jusqu'à présent, les ouvrages exécutés au port de Nemours ont occasionné une dépense totale de 460,000 francs, dont 188,000 pour les travaux de protection de la ville. Ces travaux ont été reconnus insuffisants pour permettre à Nemours d'utiliser son port, d'écouler ses produits et d'exploiter les nombreuses richesses minières de la région. Nemours, en effet, occupe une situation spéciale : très éloigné de tout centre important, il est le débouché naturel de la frontière est du Maroc. Oujda entretient un commerce considérable avec Marnia et Nédromah et, sous peine d'effectuer inutilement un trajet immense, le bétail, les marchandises et les produits provenant de cette région, doivent naturellement venir s'embarquer au port de Nemours qui est le port le plus rapproché de la côte marocaine, Port-Say étant destiné, à mon avis, à disparaître un jour. Devant les nombreux avantages qu'offrait pour la colonie la création d'un port à Nemours, la commission devait-elle adopter en principe la dépense de 8 ou 9 millions, prévue par le conseil général des ponts et chaussées ou devait-elle réduire définitivement à une somme moindre, les travaux à exécuter dans cette rade sur les fonds du nouvel emprunt ? Après discussion, la commission s'est ralliée à cette opinion.

Elle a reconnu la nécessité impérieuse de certains ouvrages maritimes à Nemours, mais elle a décidé d'arrêter à 2 millions le chiffre de la dépense à incorporer dans ces ouvrages. Il a été expliqué, en effet, que l'exposition de la baie aux vents les plus dangereux et la nature sablonnneuse des fonds sur lesquels doit reposer la jetée rendraient obligatoires des travaux tellement considérables et tellement coûteux qu'ils seraient hors de proportion avec l'importance de la ville et le chiffre de son trafic : ce trafic n'est, en effet, actuellement, que d'une vingtaine de tonnes.

Devant ces considérations, la commission a voté pour l'aménagement du port de Nemours une somme de 2 millions à prendre sur les fonds du nouvel emprunt mais sous la réserve formelle que ce crédit serait consacré à la réalisation d'un projet d'ensemble et définitif.

Ce chiffre correspond d'ailleurs exactement à celui prévu par le service des ponts et chaussées pour :

1° La construction, à l'est, d'une jetée de 430 mètres de longueur, destinée à abriter la rade contre les vents les plus dangereux ;

2° La création d'un terre-plein de 150 mètres de longueur et 80 mètres de largeur, abrité derrière la jetée ;

3° La construction d'un appontement en charpente métallique ou en béton armé, de 200 mètres de longueur, permettant aux navires de faire leurs opérations par les temps maniables.

L'administration a bien voulu déclarer que cette somme était suffisante pour l'exécution complète des travaux ci-dessus énumérés : les déblais provenant des travaux de dérivation de l'oued Mersa devant être utilisés pour la construction de la digue et du terre-plein. Un double but sera ainsi atteint : créer à Nemours un abri suffisamment sûr pour les navires et protéger la ville contre le retour d'inondations qui ont fait de nombreuses victimes et qui ont causé tant de dégâts et tant de malheurs !

Port de Mostaganem

Le port de Mostaganem est situé dans la partie Est de la baie comprise entre le cap Carbon et le cap Ivi. La rade de Mostaganem est très exposée à tous les vents dangereux et lorsqu'ils soufflent, les navires au mouillage sont obligés de se réfugier dans la rade d'Arzew.

D'importants sacrifices ont été faits jusqu'à ce jour pour le port de Mostaganem. Malheureusement ces sacrifices, vu leur importance, n'ont donné que des résultats peu appréciables. Tous les 2 ou 3 ans des dégâts considérables sont à déplorer dans les ouvrages de cette rade par suite de leur exposition à l'ouest et au nord. Sur le 1er emprunt de 50 millions, 1,600,000 francs avaient été prélevés pour des travaux d'amélioration et de consolidation, ce qui portait à 5,300,000 francs le montant des sommes actuellement incorporées dans cette œuvre considérée par des techniciens comme à peu près irréalisable : un port de tout repos à Mostaganem. Des millions seraient encore nécessaires pour transformer cette rade ouverte en un abri sûr contre les vents régnants. En 1903, une violente tempête a enlevé une partie des jetées. Des réparations s'imposent. La commission d'accord avec l'administration a résolu de limiter, désormais, son concours à l'exécution de ces réparations. Pour ce faire, un crédit de 500,000 francs est demandé sur les fonds du nouvel emprunt. La commission vote le crédit sollicité.

La colonie a, en effet, intérêt à aider, dans la mesure de ses moyens, le département et la chambre de commerce à entretenir en bon état les ouvrages déjà exécutés. Mostaganem est tête de ligne sur Tiaret : la voie se prolonge jusque sur les quais du port où se trouve une gare maritime. D'autre part, le trafic commercial augmente rapidement et d'une façon à peu près régulière. De 25,000 tonnes en 1885, il s'est élevé de 1901 à 1905 à une moyenne de 90,000 tonnes.

Port de Ténès

Le port de Ténès est constitué par une anse assez bien abritée des vents d'Est, grâce au cap Ténès, mais battue par tous les vents dangereux Nord et Ouest. C'était cependant le seul point favorable pour la création d'un abri sur la longue étendue de côte inhospitalière, qui sur près de 180 milles, n'offre que des dangers à la navigation entre Arzew et Alger. Cet abri se compose de deux jetées parallèles enracinées à la terre, en avant desquelles est un brise lames. Ces jetées et ce brise lames n'ont jamais été terminés. Il s'agit aujourd'hui d'achever ce travail indipensable en y ajoutant la construction d'un môle en eau profonde permettant l'accostage des navires de tonnage moyen et celle d'un vaste terre plein pour le dépôt des marchandises. On a déjà dépensé dans le port de Ténès plus de 7,850,000 francs et il reste beaucoup à faire. La commission, conformément aux conclusions de l'administration, a décidé de voter l'emploi de 1,500,000 francs sur les crédits du nouvel emprunt pour l'accomplissement des travaux précités.

D'après le service des ponts et chaussées, 1,700,000 francs seraient nécessaires pour l'exécution complète du programme concernant le port de Ténès; mais, se basant sur le trafic constaté des dernières années, l'administration déclare que la commune de Ténès pourra prendre à sa charge la différence entre la somme votée et celle fixée par les ponts et chaussées, soit 200,000 francs. Le trafic, en effet, du port de Ténès, qui était de 11.000 tonnes en 1899, s'est accru jusqu'en 1902 où il a atteint le chiffre de 21.238 tonnes. Depuis 1903, il est décroissance : il est descendu à 12.234 tonnes en 1903 et n'est plus que de 9.307 tonnes en 1904. L'insécurité que présente cette rade depuis les tempêtes de 1903, qui ont occasionné de graves avaries aux jetées et au brise-lames, est une des causes principales de l'abaissement dans les chiffres du trafic.

Port d'Alger

S'il est un port dont la prospérité est allée grandissante en quelques années, c'est incontestablement le port d'Alger. Le mouvement de la navigation a passé, en effet, de 7.385.000 tonneaux de jauge en 1902, à 11.305.000 tonneaux en 1905. A ce point de vue, Alger est classé au second rang de tous les ports de France, Marseille tenant la tête avec 14.917.000 tonneaux en 1905.

Devant de tels résultats, la commission a pensé qu'il n'y avait pas lieu de marchander au port d'Alger les crédits qui lui sont nécessaires pour occuper dignement le rang qui lui est dévolu.

Des travaux considérables sont actuellement en cours d'exécution au port d'Alger; ces travaux, qui comprennent l'achèvement de l'arrière-port de l'Agha, la création d'un môle reliant l'îlot Al-Djefna à la terre, des installations complémentaires d'aménagement des quais et terre-pleins et l'établissements des voies ferrées de service, ne pourront être terminés que dans six ou sept ans ans au moins. Ces dépenses sont couvertes par un crédit de 9 millions de francs alloué, à concurrence de 3,200,000 francs, par la chambre de commerce et le surplus par le budget colonial, sur le premier emprunt de 50 millions. Mais en raison de l'énorme développement que ces travaux complémentaires ne manqueront pas de donner au mouvement du port d'Alger, il appartenait à l'administration de prévoir et de réaliser un projet d'agrandissement des anciens quais destinés à recevoir le stock considérable de marchandises. C'est cet agrandissement, en longueur et en largeur, des quais déjà existants, que le service des ponts et chaussées s'est appliqué à étudier et pour lequel il sollicite un crédit de 7 à 8 millions de francs à prendre, à concurrence de 2 millions, sur le budget colonial. Bien que les projets ne soient pas encore définitivement terminés, en raison de la nécessité de ces travaux, la commission décide d'allouer à l'administration, sur le nouvel emprunt, cette provision de 2 millions.

Port de Djidjelli

Djidjelli est une rade ouverte dans laquelle les navires ne sont pas en sécurité ; et certains hivers, les habitants restent pendant plusieurs semaines, sans pouvoir expédier, ni recevoir une tonne de marchandise. Le cas s'est présenté cette année et comme les routes de terre avaient été coupées, la ville de Djidjelli et les villages environnants se sont trouvés, pendant quelques jours, démunis des denrées de première nécessité (farine, sucre, etc.).

C'est une situation à laquelle les pouvoirs publics ont depuis longtemps reconnu l'obligation de porter remède.

D'autres part, par suite du développement de la mise en valeur des forêts de chênes-liège de l'état et des particuliers, le mouvement commercial maritime s'est accru en 20 ans, même en dépit de l'insécurité de la rade, de 5000 à 30.000 tonnes, Ce chiffre sera encore dépassé l'an prochain par suite de l'industrie nouvelle de traverses de chemin de fer et des merrains, dont l'exploitation s'effectue dans les forêts domaniales d'El-Maheurd et qui se chiffrera par 10,000 tonnes environ par année. Une rade qui a un mouvement de 40,000 tonnes ne peut rester indéfiniment ouverte. A ces éléments de prospérité du port de Djidjelli il y a lieu d'ajouter le trafic important que ne manquera pas de créer la ligne de Constantine à Djidjelli adopté par la commission de l'emprunt.

Pour transformer la rade ouverte de Djidjelli en une rade abritée, il suffira de relier entre eux les différents rochers répartis sur une ligne droite, allant de l'angle de la ville militaire au petit phare.

Ces rochers sont séparés les uns des autres, et il existe à moins de 300 mètres du point de départ une très large passe par laquelle s'engouffre la mer avec une violence inouie. C'est la partie du travail la plus coûteuse à exécuter, celle pour laquelle une dépense de 2,300,000 francs a été prévue et votée par les délégations financières lors du premier emprunt ; la ville de Djidjelli devra contribuer à la dépense pour 625,000 francs.

Cette somme de 2.300.000 francs, par suite des difficultés d'exécution que les entrepreneurs ont rencontrées depuis le commencement des travaux, a été reconnue insuffisante pour mener à bien la réalisation, en ce qui concerne ce port, du programme de 1902. Des travaux de renforcement et de consolidation sont considérés comme indispensables, travaux qui exigeront un supplément de dépenses d'environ 1 million.

D'autre part, pour abriter suffisamment la rade, le service des ponts et chaussées s'est rangé à l'opinion du conseil municipal de Djidjelli et a préconisé le prolongement sur 250 mètres de longueur, jusqu'à l'îlot du phare, de la jetée en construction. Pour ce travail une somme de 2 millions est demandée par l'administration.

La commission a estimé qu'en raison de l'importance que prenait de jour en jour le port de Djidjelli et des richesses de toutes sortes qu'il est appelé, dans l'avenir, à exporter, il y avait lieu d'accorder sur les fonds du nouvel emprunt la subvention sollicitée soit : 3 millions.

En résumé la commission de l'emprunt, en ce qui concerne les travaux maritimes a été d'avis d'affecter :

1° 7.081.600 francs pour l'achèvement du programme primitif de 1902 ;

2° 2 millions pour création d'un port abri à Nemours ;

3° 500.000 francs pour travaux complémentaires du port de Mostaganem ;

4° 1.500.000 francs pour ouvrages de même nature au port de Ténès ;

5° 2 millions pour améliorations au port d'Alger ;

6° 3 millions pour complément de travaux à la rade de Djidjelli.

Soit un total de de 16.081.600 francs qui ajoutés aux 12 millions déjà votés en 1902, permettront à la colonie de posséder sur les différents points de la côte, une suite de ports et d'abris, constituant le complément indispensable de son outillage économique. Grâce aux nouveaux travaux prévus, nos ports offriront enfin aux navigateurs un refuge sûr et commode ; dans ces conditions, le mouvement commercial ne peut que s'accentuer et le trafic augmenter dans de notables proportions depuis Nemours jusqu'à la Calle. Avec ses ports, son réseau de routes et de chemins de fer, et les réserves immenses dont elle dispose, l'Algérie pourra prendre enfin, dans quelques années, le rang qu'elle doit justement occuper dans le monde économique.

Le Rapporteur,

DURET.

Travaux hydrauliques

La question de l'hydraulique agricole est pour notre colonie d'une importance capitale, et il est de notre devoir d'y arrêter notre attention. La nature qui nous a si précieusement dotés par ailleurs semble avoir réservé toute sa parcimonie en ce qui concerne les eaux : notre agriculture et notre colonisation ont cependant des besoins très grands et très urgents, et la nécessité est impérieuse pour nous, d'avoir une hydraulique agricole complète et développée.

En Algérie nous pouvons faire, en ce qui concerne nos travaux hydrauliques, une distinction très caractérisée qui les met en deux classes bien déterminées :

Dans la première nous rangerons les travaux hydrauliques au sens précis et technique du mot, c'est-à-dire tous les travaux ayant pour objet la conduite et l'utilisation des eaux soit d'alimentation, soit d'irrigation, et qui ont abouti à la conception des barrages et des réservoirs.

La seconde comprendra les travaux ayant en vue, non pas l'aménagement et l'adduction des eaux, mais au contraire, de nous débarrasser des eaux malfaisantes dont nous sommes trop largement gratifiés, c'est-à-dire le dessèchement des lacs et marais.

Cette distinction, cette division n'a peut-être aucun caractère technique, elle n'en répond pas moins à la réalité des faits, et malheureusement la deuxième catégorie semble devoir retenir plus longtemps nos préoccupations que la première.

I. — L'établissement des barrages et réservoirs a depuis quelques années des adversaires résolus. Ils sont vivement combattus au point de vue de l'hygiène et de la santé publique ; et ils ont donné quelquefois de cruelles déceptions.

De plus, ces grands travaux sont très coûteux et ne répondent pas toujours aux résultats qu'on en attend, leur construction présente toujours de gros dangers. Il ne faut pas oublier, en effet, que l'hydraulique n'a été pendant longtemps qu'un art empirique et que les travaux grandioses d'assainissement et d'adduction qui nous ont été légués par l'antiquité ne reposaient que sur des règles transmises par la tradition.

L'hydraulique rationnelle n'est apparue qu'avec la découverte du principe d'Archimède et les progrès tangibles et importants ne datent que des 18e et 15e siècles ; les formules ne sont encore qu'approximatives et une part est toujours faite aux hypothèses. Pour compenser les erreurs inhérentes à ces hypothèses, nos ingénieurs doivent introduire dans les formules des coefficients qu'ils sont obligés de déterminer soit expérimentalement, soit, le plus souvent empiriquement.

Peut-être est-ce dans ces diverses raisons qu'il faut trouver la défaveur dont ces grands travaux jouissent auprès des ingénieurs et des techniciens !

L'administration dans une note qui précède la section nous dit pourquoi ils n'ont plus ses préférences ; elle voudrait tout au moins, d'accord en cela avec la délégation des colons, substituer aux grands ouvrages d'autrefois des ouvrages beaucoup plus modestes, mais multipliés, ayant un caractère tout autre : la dérivation des eaux, leur distribution et leur écoulement.

L'exposé qui précède n'a pas pour but de conclure dans un sens ou dans l'autre, il a été donné à titre simplement documentaire ; il faut reconnaître, d'ailleurs, que notre commission renfermait d'ardents partisans et défenseurs de l'ancien système, et il ne nous paraît pas que de la discussion engagée soit sortie une opinion bien nette d'une majorité ; mais s'il est permis à un rapporteur après avoir dégagé la physionomie du débat, de donner son opinion personnelle, je dirai qu'en ce qui me concerne je suis nettement opposé aux grands ouvrages.

II. — Le dessèchement des lacs et marais tient une grande place dans le programme qui nous est soumis, et nous ne saurions trop nous en féliciter.

Le premier devoir de l'administration est de consacrer tous ses efforts à obtenir la salubrité complète de tous les centres de peuplement, et il est hors de doute que les lacs et marais répandent l'insalubrité sur les régions qui les environnent. Cette considération prime toutes les autres et elle est suffisante à elle seule, pour tracer le devoir de l'administration.

Au surplus, la loi du 16 juin 1851 spéciale à l'Algérie donne à l'état la propriété des lacs et marais et lui crée par cela même des obligations impérieuses auxquelles son administration ne saurait se soustraire. Elle semble d'ailleurs l'avoir compris.

Cependant certains travaux de dessèchement et d'irrigation sont indéfiniment retardés et ajournés en raison des difficultés que rencontre la constitution des associations syndicales, constitution que l'administration exige préalablement à la mise en œuvre de tous travaux.

L'attitude de l'administration s'explique par certains faits et elle est sage dans une certaine mesure, mais nous ne saurions trop lui rappeler la loi de 1851 et nous lui signalons l'article 2 de la loi du 22 décembre 1888 dont elle fait usage, et dont une application plus répandue et plus large répondrait à la situation et aux besoins économiques de notre pays.

Ces quelques idées générales exposées, nous passons à l'examen des divers articles du programme complémentaire.

Département d'Oran

Dévasement et reconstruction du barrage de la Djidiouïa. .	700.000	1.400.000
Participation du budget de l'hydraulique agricole à l'alimentation en eau potable des villages de la région de Perrégaux	300.000	
Dessèchement du lac de Télamine (évaluation totale 435.000). Part de la colonie.	400.000	

Après échange d'observations, le programme ci-dessus est adopté sans modifications.

En ce qui concerne spécialement le dessèchement du lac de Télamine, M. Sabatier donne des renseignements très précis sur le caractère *d'extrême urgence* de ce travail en faisant remarquer que le projet est étudié depuis de longues années, qu'il a été rectifié sur place l'année dernière par M. le directeur des travaux publics, que la délégation des colons s'est prononcée sur l'urgence à différentes reprises, enfin que ce lac est la propriété de l'état *à titre privatif*, et que dans ces conditions rien ne saurait plus retarder la mise en œuvre des travaux.

Département d'Alger

Dérivation du Sébaou à Rebeval (évaluation totale 325.000). Part de la colonie.	220.000	
Desséchement de Boufarik et de la rive droite de la Chiffa.	205.000	
Desséchement du lac Halloula (évaluation totale 1.200.000) Part de la colonie.	800.000	1.300.000
Défense de Boufarik contre les inondations (évaluation totale 110.000). Part de la colonie.	75.000	

M. Berard dépose deux amendements le premier tendant à porter de 205 à 250,000 francs la contribution de la colonie dans le desséchement de Boufarik et de la rive droite de la Chiffa, et le second tendant à élever à 90,000 francs la participation du budget spécial dans les travaux de défense de Boufarik contre les inondations.

Ces deux amendements sont adoptés.

M. Delphin dépose ensuite un amendement tendant à augmenter de 100,000 francs la dépense afférente au desséchement du lac Halloula.

Cet amendement est adopté.

Le chiffre global pour le département d'Alger se trouve donc porté à 1,460,000 francs.

Département de Constantine

Barrage de dérivation sur l'oued Barika.	260.000	
Barrage de dérivation sur l'oued Ksob à M'sila. . .	60.000	
Assainissement de la plaine de Zéramna à Philippeville (évaluation totale 430.000) Part de la colonie. . . .	150.000	
Défense de Batna contre les inondations.	150.000	1.000.000
Dessèchement des marais de Duzerville, Zerizer, Morris et du Bou Allalah, région de Bône	200.000	
Dessèchement des marais d'Hippone et des environs immédiats de Bône . . .	180.000	
Total général. . .		3.700.000

La commission consacrant la décision prise au moment de la discussion des routes et des chemins de fer supprime les 150.000 francs proposés pour l'assainissement de la plaine de Zéramna, une augmentation équivalente ayant été accordée pour la construction du chemin en bordure de la mer, de Philippeville au Filfila.

M. Bonnefoy dépose un amendement demandant de porter à 300.000 francs le crédit destiné à la défense de Batna contre les inondations.

Cet amendement est adopté.

M. Marchis saisit la commission d'un amendement tendant à porter à 250.000 francs la subvention destinée au dessèchement des marais d'Hippone et des environs immédiats de Bône.

Cet amendement est adopté.

De sorte qu'en définitive, le crédit du département de Constantine est augmenté de 70.000 francs et porté au chiffre global de 1.070.000 francs.

La commission adopte un vœu de M. Morinaud invitant l'administration à étudier le dessèchement du lac Djendeli.

La commission adopte encore un amendement de M. Pinelli tendant à l'exécution des travaux d'assainissement de la plaine de Philippeville et fixe à 30.000 francs la somme à prévoir de ce chef.

Enfin, l'assemblée adopte un amendement attribuant au syndicat des Attafs une somme de 300,000 francs.

Tous les amendements ci-dessus ont été appuyés par M. le directeur des travaux publics au nom de l'administration.

Le Rapporteur,

E. Sabatier.

COLONISATION

Le service de la colonisation, désireux de poursuivre et d'étendre son vaste programme de mise en valeur des terres par la création de nouveaux centres et de lots de fermes, vous a fait l'exposé des résultats déjà obtenus en même temps qu'il vous indiquait les efforts restant à accomplir pour sa réalisation.

Il vous a fait connaître dans la brochure qui vous a été soumise quels avaient été les centres créés, les routes ouvertes tant sur les fonds d'emprunt que sur d'autres crédits budgétaires et il vous indique ceux de ces travaux dont il demande l'achèvement ou la création. Ils sont énumérés dans des tableaux spéciaux où vous avez puisé tous les renseignements de nature à vous édifier sur leur valeur et leur utilité.

Ces travaux se répartissent dans l'ordre suivant :

Création de centres :

Département d'Oran. . . .	3.211.000	8.550.045
— d'Alger. . . .	3.100.200	
— de Constantine.	2.238.845	

Agrandissement de centres :

Constantine		306.000

Groupes de fermes :

Alger	210.000	710.000
Constantine	500.000	
Travaux topographiques.		362.000
Au total.		9.928.045

Après discussion vous avez adopté cette répartition en tenant compte toutefois des vœux suivants renvoyés avec avis favorable, pour étude par le service compétent, savoir :

De M. Carrafang pour la création d'un centre de colonisation à Aïn-Amra ; de M. Gobel pour achat de terres dans la région de Bir-Rabalou, dans le but de les livrer à la colonisation européenne.

Vous avez passé ensuite à l'examen des routes à créer par le service de la colonisation, soit pour une part contributive soit pour la dépense entière.

Elles comprennent par département :

Oran	55 kilomètres	569.000 »
Alger	65 kilomètres	854.000 »
Constantine	72 kilomètres	649.000 »
Au total. . . .	192 kilomètres	2.072.000 »

La commission adopte un amendement présenté par M. Morinaud, au nom de M. Joly, aux termes duquel la route de Sedrata à Gounod sera dotée de 80,000 à prélever sur les fonds consacrés à la colonisation.

Votre commission, messieurs, passe à l'étude des dépenses proposées pour l'amélioration des anciens centres dont le montant se divise ainsi :

Département	d'Oran	1.000.000 »
—	d'Alger	800.000 »
—	de Constantine. . .	1.200.000 »
	Au total	3.000.000 »

La plus grande partie de ces dépenses ont pour objet l'alimentation en eau potable ; les prévisions pour l'assainissement y trouvent aussi une large part.

Voici d'après un état dressé par l'administration, le détail des engagements qu'elle a déjà pris pour l'exécution des travaux de ces deux catégories, des demandes de subventions actuellement à l'instruction et de celles qui ont dû faire l'objet de décisions négatives :

Participation de la colonie aux travaux d'assainissement et d'alimentation en eau potable dans les anciens centres et les agglomérations urbaines.

I. — Subventions promises

NOMS DES CENTRES	NATURE DES TRAVAUX	MONTANT du projet	PART du budget de la colonie
	Département d'Alger		
Azazga........	Alimentation en eau potable.	20.000	5.000
Ménerville.....	Id.	45.000	22.500
Vesoul-Benian..	Id.	29.000	14.000
Boghar........	Id.	2.600	600
Mahelma......	Id.	27.500	9.000
Téniet-el-Haâd..	Id.	37.000	16.500
Orléansville....	Id.	515.000	250.000
Alma..........	Assainissement..........	30.000	10.000
Birkadem......	Alimentation en eau potable.	57.000	14.000
Beni-Méred....	Id.	40.000	14.000
Gouraya.......	Assainissement..........	4.600	1.533
Maison-Blanche.	Alimentation en eau potable.	12.000	8.000
Corso.........	Id.	16.000	5.333
Boghni........	Assainissement..........	3.100	1.000
Bouzaréa......	Alimentation en eau potable.	19.000	6.333
Rouïba........	Assainissement..........	31.500	15.550
Maillot........	Alimentation en eau potable.	32.500	16.250
El-Affroun.....	Assainissement..........	3.800	1.400
Aumale........	Alimentation en eau potable.	55.000	18.500
Lavigerie......	Id.	31.000	15.500
	Total pour le dép^t d'Alger.	1.989.000	721.057
	Département d'Oran		
Bou-Henni.....	Assainissement..........	14.000	6.000
Rio-Salado.....	Alimentation en eau potable.	100.000	34.000
Plaine d'Eghris.	Assainissement..........	202.000	75.750
Dublineau......	Irrigation..............	48.000	10.000
Tizi...........	Id.	14.000	9.300
Bellecôte.......	Alimentation en eau potable.	1.500	1.000
Tizi...........	Assainissement..........	16.300	8.150

NOMS DES CENTRES	NATURE DES TRAVAUX	MONTANT du projet	PART du budget de la colonie
Lamtar........	Alimentation en eau potable.	40.000	13.000
Arlal..........	Id.	16.000	5.000
Perrégaux.....	Id.	790.000	263.000
Bosquet.......	Id.	30.000	30.000
Mascara.......	Id.	480.000	160.000
La Stidia.......	Assainissement..........	3.500	875
Aïn-Alem......	Alimentation en eau potable.	16.000	8.000
Fleury.........	Id.	14.000	4.666
Aïn-el-Arba....	Id.	28.500	19.000
Détrie..........	Assainissement..........	29.900	9.666
Aïn-Fékan.....	Alimentation en eau potable.	23.000	22.000
	Total pour le dépt d'Oran.	1.866.700	669.407

Département de Constantine

Lannoy........	Alimentation en eau potable.	30.000	30.000
Villars.........	Id.	132.000	44.000
Le Tarf........	Assainissement..........	14.500	14.500
Souk-Ahras....	Alimentation (Tamatmat)..	5.200	1.500
Djidjelli........	Alimentation en eau potable,	250.000	140.000
Fraucigny......	Id.	7.500	4.000
Oued-Amizour..	Id.	132.000	66.000
Blondel........	Id.	44.000	14.600
Lafayette......	Assainissement..........	8.400	5.000
Clairfontaine...	Irrigation..............	28.000	9.300
El-Arrouch.....	Assainissement..........	18.500	6.150
Zeraïa.........	Alimentation en eau potable,	42.000	21.000
Sigus..........	Id.	13.000	9.000
Le Tarf........	Id.	18.000	18.000
Cheraïa........	Id.	45.000	15.000
Aïn-Fakroun...	Assainissement..........	5.600	1.800
Bled-Gaffar.....	Alimentation en eau potable.	18.500	12.000
Robertville.....	Id.	230.000	75.000
Fauvelle et Villars	Id,	124.000	41.000
Tarf et Yusuf...	Id.	74.000	24.000

NOMS DES CENTRES	NATURE DES TRAVAUX	MONTANT du projet	PART du budget de la colonie
Saint-Arnaud...	Alimentation en eau potable.	146.000	48.600
Enchir-Saïd....	Id.	4.000	4.000
Constantine....	Id.	1.400.000	300.000
Clairfontaine...	Id.	28.000	14.000
Mondovi.......	Assainissement...........	2.500	1.300
Auribeau......	Alimentation en eau potable.	14.000	9.300
	Total p. le dép^{t} de Const^{ne}.	2.834.700	945.200

Récapitulation

Département d'Alger......................	1.989.000	721.05
— d'Oran......................	1.866.700	669.40
— de Constantine..............	2.834.700	945.20
Total général......	6.690.400	2.335.66

II. — Demandes de subventions en instance

NOMS DES CENTRES	NATURE DES TRAVAUX	MONTANT du projet
	Département d'Alger	
Blida	Construction d'un pont	37.000
id.	Assainissement. — Egoûts	99.000
id.	Nouvelle canalisation eau potable	107.500
Souk-el-Haâd.	Assainissement	1.700
Kherba	Alimentation	60.000
Dupleix	Assainissement	2.944
Bir Rabalou	Alimentation	50.000
Mouzaïaville	Id.	29.000
Mourad	Id.	8.000
Bérard	Assainissement	9.500
Arba	Alimentation	20.000
		424.644
	Département d'Oran	
Thiersville	Alimentation en eau potable	125.000
Charrier	Alimentation en eau potable	25.500
Lavayssière	Id.	95.000
Aïn-Farès	Id.	29.000
Sonis	Id.	30.000
		304.500
	Département de Constantine	
Fesdis	Alimentation	25.000
Taher	Assainissement	27.500
Grarem	Alimentation	90.000
Duquesne	Id.	6.000
		148.500

RÉCAPITULATION

Alger	424.644
Oran	304.500
Constantine	148.500
	877.644

III. — Demandes de subventions non retenues

NOMS DES CENTRES	NATURE DES TRAVAUX	MONTANT du projet
	Département d'Alger	
Alger..........	Alimentation........................	110.000
		110.000
	Département d'Oran	
Tlemcen.......	Alimentation........................	250.000
Nédroma.......	Id.	25.000
		275.000
	Département de Constantine	
Akbou.........	Réservoir et adduction...............	35.000
Sétif..........	Alimentation........................	mémoire
Philippeville....	Egouts..............................	30.000
id.	Canalisation.........................	50.000
Châteaudun-du-Rhumel......	Alimentation........................	15.000
Guelma.......	Alimentation (subvention compl^re).....	40.000
		170.000

RÉCAPITULATION

Alger............................	110.000
Oran.............................	275.000
Constantine......................	170.000
	555.000

RÉCAPITULATION GÉNÉRALE

	Montant des projets	Part du budge de la Colonie
I. — Subventions promises.........	6.690.400	2.335.664
II. — Demandes en instance........	877.644	»
III. — Demandes non retenues........	555.000	»
Total des projets......	8.123.044	»

Au regard de cette somme de 8,123,000 francs, votre commission trouve insuffisant le chiffre de 3 millions prévu par l'administration, s'agissant surtout de l'alimentation en eau potable et de l'assainissement, ces deux facteurs indispensables à la vie, à la prospérité des anciens centres. Et pour affirmer, une fois de plus, le désir souvent exprimé par les délégations d'affermir les anciens centres avant toute autre préoccupation, sur un vœu de M. Berard, auquel se rallie M. le commissaire du gouvernement, votre commission propose de porter à 6 millions le chiffre de 3 millions prévu ci-dessus, en prélevant la différence sur les ressources disponibles.

Sous réserve de cette augmentation de crédit, les propositions de l'administration sont adoptées.

Par suite, les dépenses affectées au service de la colonisation sont portées au chiffre global de 18,000,000 en chiffres ronds, dont 5 millions seraient prélevés sur les fonds d'emprunt, 8 millions sur les fonds de réserve et 5 millions sur les crédits ordinaires, à raison d'une augmentation de 500,000 francs par an pendant dix ans.

Au cours de l'étude des divers projets énumérés ci-dessus, des critiques ou plutôt des observations générales ont été exposées. Je crois devoir les résumer ici, car elles tendent toutes à rechercher les moyens les plus sûrs, les plus efficaces pour assurer la réussite des efforts considérables et si coûteux faits par la colonie dans le double but de mettre en valeur des terres incultes, d'attirer et maintenir dans notre pays un élément d'origine française dont la nécessité s'impose rigoureusement :

1° *Choix de l'emplacement des centres à créer* au point de vue de l'hygiène ; de la qualité des terres ; de l'alimentation en eau potable et, le cas échéant, prévision de travaux pour les eaux d'irrigation ; judicieux choix des lots de jardins qui restent sans utilité s'ils sont trop éloignés du centre ; attribution et répartition des lots de concession, non d'une manière uniforme pour un chiffre d'hectares invariable, mais augmentés en raison directe de l'éloignement des marchés, des voies de communication et suivant la valeur des terres.

2° *Choix des colons.* — Il n'est pas toujours possible à l'administration algérienne d'assurer le choix des colons métropolitains ; elle peut cependant avoir une action efficace sur ce choix en cherchant à attirer de forts groupements de mêmes départements, susceptibles de s'entr'aider et animés de l'esprit de solidarité bien particuliers aux individus de même origine. Elle doit aussi se montrer intraitable au sujet des obligations à remplir par les immigrants et rejeter tous ceux ne venant en Algérie que dans un but de spéculation avec l'idée préconçue de retourner en France dès qu'ils seront nantis de leur titre de concession.

Le choix des colons algériens est plus facile ; le préfet, la commission d'enquête possèdent tous les moyens de reconnaître leur capacité à devenir concessionnaire.

La vente à bureau ouvert a donné de bons résultats, mais ne perdant pas de vue la nécessité de l'immigration métropolitaine, nous signalons à l'administration les cas trop nombreux de mandataires acquéreurs pour le compte de français de la métropole, se substituant à ceux-ci et rendant inefficace le but recherché.

L'administration devra exiger l'arrivée du titulaire ou à défaut celle du français de la métropole qui doit légalement lui être substitué.

3° *Emplacement du village ou groupe du centre.* — Il doit réunir les meilleures conditions d'hygiène, être bien aéré, abrité si possible des vents du sud, être desservi facilement par un chemin donnant accès sur une grande voie de communication, être pourvu d'eau en assez grande abondance pour l'alimentation des personnes et des animaux, avoir un écoulement facile des eaux ménagères, des lavoirs et des abreuvoirs, ne pas avoir les maisons trop espacées et disposées en file indienne ce qui rompt l'intensité des relations nécessaires pour se soutenir, s'entr'aider mutuellement, avoir l'école bien située pour permettre aux parents la surveillance facile de leurs enfants. Ne pas faire de dépenses luxueuses pour les établissements publics, se borner au nécessaire d'après des projets économiquement conçus, ne pas perdre de vue que beaucoup d'anciens villages insuffisamment dotés ont réussi, grâce aux efforts combinés de ses habitants et de l'administration.

4° *Résidence obligatoire.* — Le principe étant maintenu, il serait désirable de voir apporter une très large tolérance dans son application. L'expérience a démontré que dans bien des cas, lorsqu'il s'agit de concessions d'un défrichement coûteux, long et difficile, le concessionnaise est obligé de traiter à forfait avec des équipes qui ne lui rendent ses terrains propres à la culture que dans un délai minimum de deux ans. Durant cette période, l'inactivité du nouveau colon peut lui être fatale en le laissant oisif, en le démoralisant ; il faut qu'il ait la faculté d'occuper ailleurs ses bras et son activité en même temps qu'il pourra s'assurer les moyens de vivre pour lui et sa famille. Inscrit sur les rôles de la commune il contribuera aux ressources de celle-ci et son absence momentanée, surveillée, lui ayant été profitable lui permettra de prendre possession de son lot de terrain sans avoir gaspillé son argent. Nous constaterons par ce moyen moins d'hypothèques, moins de ruines préparées.

5° *Défrichement des concessions.* — Il convient de renouveler ici des indications souvent données à l'administration sur des essais de défrichements. Il ne faut pas opposer éternellement des essais infructueux, au nombre de deux, conçus et exécutés dans un esprit administratif trop étroit. Il y a des cas d'espèces pour cette question comme pour tant d'autres ; nous ne devons pas généraliser mais demander que des tentatives soient faites par des moyens faciles et connus de tous.

Toutes les fois qu'il s'agit de concessions boisées dont le défrichement même partiel nécessite plus d'une année, il serait d'une bonne administration de prévoir la possibilité de remettre immédiatement entre les mains des colons une quantité de 10 à 15 hectares déjà prêts a être mis en culture. Le concessionnaire cultivateur d'origine et aimant la terre par atavisme, s'emparerait immédiatement de son lot, le cultiverait et se procurerait ainsi, dès la récolte prochaine, les moyens de vivre et d'avoir les grains nécessaires pour ses animaux et ses semailles de l'année suivante. Ce serait un moyen des plus efficaces d'assurer le succès de l'immigration. C'est une dépense moyenne de 100 francs l'hectare, souvent moins, constituant une avance à faire par un service financier, à titre onéreux pour le consessionnaire tenu au remboursement de cette avance dans des conditions à déterminer. Cet effort ne me paraît pas incompatible avec les moyens dont l'administration dispose.

5° *Rétrocession aux algériens des terrains refuses par les immigrants.* — Il arrive souvent et j'ai cité des faits, que les immigrants refusent de prendre possession de leurs concessions malgré les mises en demeure dont ils sont l'objet. Dans ces conditions les délais imposés par les règlements doivent être rigoureusement observés : il ne convient pas dans un centre nouveau, qu'une partie des lots soient cultivés, d'autres non. Ceux-ci deviennent la plupart du temps une gêne pour l'exploitation de ceux-là. Dans ces conditions nous demandons qu'après un essai infructueux de l'acceptation de ces concessions par les immigrants, toutes les concessions devenues ainsi disponibles soient attribuées aux colons algériens bien désignés par leur aptitude particulière et l'appui de leur famille pour mettre en valeur toutes les terres qui leur seront attribuées.

6° *Routes de fortune.* — Nous désignerons ainsi tous les chemins de petite colonisation ayant pour but de débloquer des groupes de fermes ou des fermes isolées dans les régions où la colonisation privée a fait des efforts considérables et, avec ses seules forces, a contribué dans la plus large mesure à notre richesse coloniale.

A l'heure actuelle ou l'évolution économique est la

conséquence de la transformation de l'outillage agricole et des moyens de transports rapides à tarifs réduits, nous devons faire des efforts surhumains pour amener les produits algériens sur le marché mondial à la parité de ceux des autres pays.

Il faut rompre avec une méthode assujettie à des règles inflexibles, assurer la viabilité de toutes les routes ou chemins, même avec des moyens d'exécution souvent imparfaits au début, mais suffisants pour permettre un trafic immédiat dont les conséquences seront une cause de ressources pour leur amélioration progressive. Des chemins de 6 mètres, de 4 quelquefois avec garages intermédiaires, quelques ponceaux et autres ouvrages urgents seront le plus souvent suffisants pour augmenter l'activité agricole et commerciale. Le temps et le travail feront le reste.

Assuré de l'adhésion de M. le commissaire du gouvernement, je crois pouvoir renouveler ici les indications formulées par moi dans mon rapport de 1906 sur la colonisation. Je demandais qu'en plus de la commission des centres, une sous-commission soit nommée chaque fois qu'il s'agit d'un centre nouveau afin de se rendre compte si le projet établi par l'agent du service spécial, répond bien au besoin de la contrée et y trouve une adaptation adéquate. Cette commission en signalant les imperfections du projet et en y rémédiant, empêcherait dans bien des cas, des dépenses supplémentaires grevant inutilement le budget.

Sous l'empire des considérations qui précèdent et qui reflètent aussi exactement que possible vos préoccupations, j'ai l'honneur, mes chers collègues, de soumettre le présent rapport à votre adhésion.

Le Rapporteur,

MARÉCHAL.

NOTE. — L'amendement présenté par MM. Sabatier et Audousset concernant l'alimentation en eau potable de St-Louis et Legrand, a été renvoyé à l'Administration avec avis très favorable. La dépense de ces ouvrages serait imputée sur les 3 millions d'augmentation voté par la commission pour l'amélioration des anciens centres.

Eaux et Forêts

Messieurs,

Nos forêts n'ont pas été oubliées dans le programme des grands travaux à exécuter sur les fonds à provenir de l'emprunt projeté et l'administration, bien pénétrée, comme nous tous, de la nécessité de les conserver, de les reconstituer dans certaines régions et de les mettre en valeur, partout où cela sera possible, a, dans ses propositions, demandé une somme de huit millions de francs, devant être employée dans une période de dix années, à raison de 800,000 francs par an, et avoir l'affectation suivante :

	Alger	Oran	Constantine	Total
Maisons forestières (83 logements)..	495.000	79.000	445.500	1.019.500
Chemins (6.164 km)......	1.745.000	810.744	2.169.682	4.725.426
Tranchées (6.698 hect.). ..	416.220	100.119	373.633	889.972
Reboisements (14.518 hect.)...	400.000	460.000	270.400	1.130.400
Mises en valeur (2.180.000 arbres).	3.287	»	231.415	234.702
Totaux.	3.059.507	1.449.863	3.490.630	8.000.000

On le voit, l'administration veut aller résolument de l'avant, encouragée, d'ailleurs, par les assemblées algériennes et, aussi, par la progression constante des recettes des forêts qui, grâce au développement des récoltes de liège, se sont accrues si rapidement qu'alors qu'elles étaient, en moyenne, de 1880 à 1890, de 400,000 francs seulement par an, elles se sont élevées à

1,200,000 francs en 1895, à 1,800,000 francs en 1900 et à 4,416,000 francs en 1905.

L'exposé qui nous a été remis par l'administration, concernant le projet d'emprunt, contient, aussi, des renseignements très précis, au sujet des travaux exécutés au moyen du premier emprunt réalisé en 1902 et sur lequel il reste disponible, pour le service forestier, environ 1,200,000 francs.

Voici, très condensés, ces renseignements :

Maisons forestières

En ce qui concerne les maisons forestières et à la date du 1er janvier 1906, une somme totale de 1,049,153 fr. 84 avait été affectée sur les fonds provenant de l'emprunt de 50 millions, à la construction de ces maisons et 124 logements nouveaux, du prix moyen de 9,628 francs, avaient été mis à la disposition du service : 18 dans la conservation d'Alger, 42 dans celle d'Oran et 64 dans celle de Constantine.

En 1906, les crédits d'emprunt utilisés par les conservateurs, pour achever les maisons en construction et en mettre en chantier de nouvelles, se sont montés à :

Conservation d'Alger	43.638 47
— d'Oran	264.959 76
— de Constantine.	245.022 72
Total.	553.620 95

Il nous a été indiqué que, sur cette somme, 433,011 fr. représentaient la dépense afférente à la mise en chantier de 52 logements nouveaux et que le reste avait été affecté à l'achèvement des maisons commencées l'année précédente et non terminées au 1er janvier 1906.

Chemins

Aussi à la date du 1er janvier 1906, il avait été ouvert 2.660 kilomètres de chemins carrossables ou muletiers, au prix de revient de 0,73 environ par mètre et il avait été employé, pour ces travaux, une somme totale de 1,956,796 fr. 78.

En 1906, il a été affecté, à ces mêmes travaux, 176,714 francs 53, qui ont donné 250 kilomètres de nouvelles voies.

Mises en valeur

53,532 francs avaient été employés, à la date du 1er janvier 1906, au démasclage d'environ 548.000 chênes-liège.

La dépense faite, pour le même objet, en 1906, a été de 42.125 francs.

Reboisements

De 1902 à 1905 inclus, 1451 hectares ont été reboisés.

Il a été prélevé, pour ces travaux, sur les fonds du premier emprunt, une somme de 189,884 francs.

D'autre part, des crédits s'élevant à 57.357 francs, ont été mis à la disposition des conservateurs, en 1906, pour la continuation des mêmes travaux.

Travaux de défense contre l'incendie

Des tranchées, d'une largeur de 10 à 300 mètres, ont été ouvertes sur une longueur de 1529 kilomètres, dans certains massifs plus particulièrement exposés au feu et, pour le règlement de ces travaux de protection, un prélèvement de 499,805 francs a été effectué sur les fonds du premier emprunt.

En 1906, enfin, la part des crédits extraordinaires réservés aux travaux dont s'agit s'est élevée à 100,644 francs.

Tels ont été les renseignements fournis par l'administration, au sujet des travaux exécutés ou à exécuter au moyen du premier emprunt.

Mais notre domaine forestier appelle d'autres travaux plus importants encore et ces travaux ont été évalués à la somme de 13,782,000 francs, se décomposant de la façon suivante :

	Alger	Oran	Constantine	Total
Maisons forestières. .	795.000	304.000	1.189.000	2.288.000
Chemins	2.938.000	1.204.000	2.950.000	7.092.000
Tranchées . . .	416.000	100.000	374.000	890.000
Reboisements. .	1.281.000	1.426.000	570.000	3.277.000
Mise en valeur.	3.000	»	232.000	235.000
Totaux . . .	5.433.000	3.034.000	5.315.000	13.782.000

Toutefois, l'administration a fait remarquer que ces chiffres devaient être réduits de la somme de 1,200,000 francs, restant libre sur le premier emprunt et que, d'autre part, *une sélection était à faire dans le programme fourni par les conservateurs, de manière à ne retenir à la charge du nouvel emprunt projeté que les travaux ayant pour objet la mise en exploitation rapide des massifs productifs et de réserver, pour être exécutés sur les fonds du budget ordinaire, ceux visant l'amélioration des boisements en vue de leur action sur l'économie générale du pays.*

Elle a, en conséquence, arrêté à 8,000,000 de francs le montant de la dotation à prévoir pour le service des forêts, sur le nouvel emprunt et elle a proposé d'employer cette somme de huit millions de francs comme il est dit aux pages 256 à 275 de la brochure de l'emprunt.

La commission de l'emprunt a fait, Messieurs, aux propositions de l'administration, l'accueil le plus favorable, comme aussi aux explications fournies, au sujet de l'état de nos forêts, par M. le directeur de l'agriculture, en qui nous sommes heureux de toujours retrouver l'homme aimable qui a pris une si grande part aux premiers travaux des délégations.

Il s'est dégagé, de notre délibération, tout un ensemble de vues et, finalement, nous nous sommes tous unis pour émettre les vœux suivants :

1° Protection de la végétation arbustive sur les sommets et semis nombreux de graines et de glands.

2° Répression énergique de la fabrication clandestine du charbon et du déboisement.

3° Exécution de travaux peu coûteux, tels que petits barrages, clayonnages, fascinages, fossés horizontaux, etc., devant retenir la descente des eaux et empêcher le ravinement des flancs des montagnes et, par suite, l'exhaussement du lit des rivières.

4° Surveillance rigoureuse du colportage.

5° Résidence effective, partout où cela est possible, des préposés dans leurs triages.

Mais, en outre, la commission, bien convaincue que l'exécution des travaux de détail sus-indiqués, nécessaires à la protection des terrains en montagne, constitue une œuvre essentielle et de première urgence, étroitement liée au sort de nos forêts, a adopté, à l'unanimité, un amendement de MM. Bouché et Delphin tendant à affecter à ces travaux, sur le fonds de l'emprunt projeté, une somme de un million de francs.

En conséquence, nous vous proposons, Messieurs, d'approuver le programme présenté par l'administration ainsi que l'amendement de MM. Bouché et Delphin, auquel nous nous sommes ralliés nous mêmes, et de décider que le service des forêts recevra, sur l'emprunt projeté, une dotation de neuf millions de francs, dont l'emploi aura lieu dans les conditions suivantes :

Maisons forestières	1.019.500 fr.
Chemins.	4.725.426 »
Reboisements	1.130.400 »
Tranchées	889.972 »
Mise en valeur.	234.702 »
Protection des terrains en montagne.	1.000.000 »
Total égal.	9.000.000 fr.

La répartition entre les trois départements, de la somme de un million de francs destinée à la protection des terrains en montagne sera laissée aux soins de l'administration.

Nous pouvons cependant indiquer, d'après les renseignements qui nous ont été fournis, que la part à affecter, sur cette somme de un million, à la conservation d'Alger, sera un peu plus élevée que pour celles d'Oran et de Constantine.

Ce crédit sera employé notamment à la protection des voie ferrées sur les massifs dominant les lignes d'Alger à Constantine et de Beni-Mansour à Bougie, points toujours les plus éprouvés par les eaux torrentielles et dont l'entretien occasionne, chaque année, à la colonie, des dépenses considérables et à la constitution des périmètres de reboisement de Blida, du Hamiz, du Sebaou, de Saint-Denis-du-Sig, etc.

Cette énumération n'a, bien entendu, rien de limitatif, mais il a paru bon de la faire ici à titre d'indication.

Nous vous proposons enfin, Messieurs, d'adopter un amendement, que nous avons retenu, présenté par M. Morinaud, au nom de M. Joly et tendant à ce que la route de la Mahouna, d'une urgence et d'une nécessité incontestables, soit exécutée ou sur les fonds du premier emprunt, ou sur les ressources ordinaires du budget, ou, encore, sur le reliquat du deuxième emprunt.

Le Rapporteur,

BERARD.

Assistance publique

Messieurs,

Lorsqu'en 1875, les départements algériens accablés par les charges grandissantes de l'hospitalisation ont remis l'assistance entre les mains de l'état, l'administration s'est trouvée en face d'établissements d'organisation inférieure, dépourvus de tout confort, installés au hasard dans d'anciennes casernes ou dans des bâtiments défectueux ne remplissant aucune des conditions voulues pour recevoir des malades. Il a fallu, pendant les trente dernières années, non seulement étayer, réparer des masures, mais reconstruire de toutes pièces les bâtiments de certains hôpitaux qui ne répondaient plus aux besoins de leur région.

On a dû souvent éprouver pendant cette période, le besoin de faire, une fois pour toutes, un grand effort pour liquider le retard apporté dans la constitution de nos services hospitaliers, mais ici comme en d'autres matières, les moyens financiers nous manquaient et chaque année il fallait ajourner ici pour rapiécer là; en lésinant, en ne faisant les choses qu'à demi et par à coups sans inspiration directrice, on en est arrivé à n'avoir rien de complet.

Dans un pays neuf où les fortunes ne sont pas encore assises, l'on ne peut guère compter sur ces fondations privées qui ont couvert les vieux pays d'Europe d'établissements charitables et d'hôpitaux: ici l'état et les collectivités communales doivent assumer seules la charge de ces créations et comme les communes algériennes ont des ressources trop précaires pour créer de toutes pièces des hospices, c'est en définitive à l'état qu'incombent les dépenses de premier établissement en matière d'assistance.

J'insiste, Messieurs, sur ces mots « dépenses de premier établissement » parce qu'ils répondent à cette idée qu'aujourd'hui un hôpital, un hospice ne se créent pas par pièces, par fragments; chaque établissement est dès l'origine un tout composé d'une série d'organismes divers se complétant, tous utiles dès la première heure — L'hôpital pourra s'agrandir par la suite, dédoubler ses services, mais dès l'origine, il lui faut une dotation initiale plus ou moins importante suivant les besoins de la région — mais comportant, dans tous les cas des services de malades ordinaires, différents pour la médecine et la chirurgie, des services de contagieux et enfin des services généraux — Cette dotation initiale, l'état la devait aux hôpitaux et en ne le constituant pas, on a souvent amené les établissements à grever les frais d'hospitalisation incombant aux communes de majorations injustes.

Ce qui n'a pas été fait dans le passé, il est absolument indispensable de le faire aujourd'hui. Le prélèvement proposé en faveur de l'assistance sur les fonds d'emprunt aura non seulement pour résultat immédiat de doter nos hôpitaux des services indispensables, il permettra en outre de dégager un peu les crédits budgétaires annuels, de les rendre à leur affectation normale et rationnelle.

Les projets présentés par les hôpitaux ont été contrôlés et révisés par l'inspection générale de l'assistance; ils sont consciencieusement étudiés et ont paru susceptibles d'être adoptés dans leur ensemble; la commission propose toutefois de limiter à 245,000 francs les crédits demandés pour l'hôpital d'Oran.

Ces 245,000 francs permettraient :

1° d'augmenter le nombre des lits par la construction d'un nouveau pavillon de 18 lits et l'agrandissement de l'un des pavillons existants. . . 100.000 fr.

2° d'annexer à la buanderie prévue pour 50,000 fr. au projet primitif, un séchoir et une matelasserie dont le coût prévu est de 45,000 francs qui porteraient la dépense à 95,000 francs.

3° d'acquérir une bande de terrain contigue au mur d'enceinte de l'hôpital et nécessaire à son dégagement 100.000 francs.

Il a paru à la commission que l'on ne pouvait pas refuser cette subvention complémentaire à un établissement qui rend tant de services et qui est appelé à devenir, avec les améliorations projetées, un hôpital de premier ordre.

Ce serait donc une somme totale de 2,725,000 fr. qu'il conviendrait à notre avis de prélever sur les fonds du prochain emprunt pour faire face aux besoins de nos établissements hospitaliers.

Des réserves ont été, il est vrai, formulées M. Maginot, commissaire du gouvernement, au sujet des sacrifices demandés pour les hôpitaux locaux d'Aïn-Témouchent et de Relizane, mais c'est à l'unanimité que la commission a approuvé ces réserves.

Il s'agissait de subordonner l'allocation des subventions importantes demandées en faveur des dits hôpitaux à leur remise préalable à la colonie.

C'est cette dernière en effet qui supporte toutes les charges de premier établissement, c'est elle qui fait face au paiement d'une forte part des frais d'hospitalisation qui y sont exposés et enfin c'est l'administration qui a seule aux yeux des communes, surchargées par les hospitalisations de leurs indigents, la responsabilité de la gestion de ces petits hôpitaux régionaux. La mesure proposée permettra un contrôle plus étroit sur les services de ces hôpitaux et les fera rentrer dans la règle générale.

Nous avons suivi avec intérêt les efforts faits pendant les deux dernières années par l'administration pour la réorganisation des services d'assistance. D'excellentes mesures ont permis la réorganisation du personnel à tous ses dégrés, de l'infirmier au directeur de l'hôpital, et nous pouvons espérer voir d'ici quelques années nos établissements entre les mains d'un personnel réellement à la hauteur de sa tâche.

Reste à assurer la réorganisation matérielle.

A ce point de vue, si l'urgence doit servir de critérium aux prélèvements sur les fonds d'emprunt, il nous est permis de proclamer qu'aucun prélèvement ne se justifie mieux que celui demandé en faveur de nos établissements hospitaliers.

Il ne faut pas d'ailleurs, messieurs, se le dissimuler : que nous le voulions ou non, l'assistance coloniale va se trouver débordée par des charges nouvelles puisque l'exécution des grands travaux publics que vous allez voter occasionnera un nouvel afflux de population ouvrière envers laquelle vous serez tenu aux devoirs hospitaliers.

Les délégations financières ne refuseront pas leur part d'assistance à ces travailleurs, au labeur desquels nous serons redevables du perfectionnement de notre outillage colonial.

Le Rapporteur,

SÈBE.

Postes et Télégraphes

Depuis de longues années, à mesure que les relations postales, télégraphiques et téléphoniques en Algérie prenaient une extension de jour en jour plus grande les locaux consacrés à cet important service étaient reconnus insuffisants.

L'administration ne négligea rien pour mieux aménager ces locaux, sans recourir à l'emprunt et en n'employant que les crédits du budget ordinaire ou les excédents des fonds de réserve.

A Constantine, à Oran et à Philippeville elle a adopté d'excellentes mesures.

Elle installa ses divers services dans des immeubles qu'elle acquit en s'engageant à verser des annuités dont le montant ne dépassait pas les loyers qu'elle payait auparavant. Mais à Oran, le trafic a tellement augmenté dans ces derniers temps qu'elle a dû profiter du terrain attenant à l'hôtel des postes, terrain qu'elle avait conservé en prévision d'un agrandissement inévitable pour construire une annexe dont la dépense est évaluée à 120,000 francs.

A Alger, grâce aux améliorations dues à l'initiative de M. l'inspecteur général Willot, le local actuel put encore suffire pendant quelques temps aux besoins du service

Mais bientôt il ne fut plus possible de se mouvoir dans cet immeuble devenu décidément trop exigu et les assemblées algériennes décidèrent de construire un immeuble spécial,

Une somme de 2 millions fut prélevée à cet effet sur l'excédent des fonds de réserve et l'on acheta le terrain sur lequel allait être édifié le nouvel hôtel des postes.

Ce terrain malheureusement ne pouvait être agrandi que si l'on consentait d'autres sacrifices.

Le travail qu'on se disposait à faire, quelque forte que fût la dépense engagée, ne donnerait satisfaction qu'aux nécessités présentes.

Il fallait prévoir et assurer dans une large mesure les moyens de répondre aux besoins de l'avenir.

La désaffectation de l'escalier faisant suite à la rue Clermont-Tonnerre et l'acquisition du terrain, sur lequel est bâtie l'église anglicane, doivent permettre de créer un établissement. qui pendant de nombreuse années remplirait les conditions voulues.

Sur cet emplacement on édifierait une construction destinée à l'installation du service des colis postaux réclamée depuis longtemps et l'on disposerait aussi d'une place suffisante pour réaliser ultérieurement les aménagements que pourrait réclamer l'extension des autres services. Ainsi l'avenir serait réservé et le public bénéficierait d'une nouvelle amélioration impatiemment attendue. Au surplus de nouvelles recettes seraient acquises au budget par le fait même de la création d'un nouveau service productif.

Les autres travaux prévus ont trait à des installations très intéressantes qu'il importe de réaliser afin d'avoir dans le futur édifice une organisation complète et en rapport avec l'importance du service.

L'installation de réservoirs à air, de la machinerie pour les tubes pneumatiques et pour la production de l'électricité ne peut soulever aucune objection.

Il s'agit, en effet, d'organiser d'une part des relations sûres et rapides entre le nouvel hôtel des postes et les autres bureaux d'Alger et d'autre part d'éviter à un grand service public les aléas toujours à craindre si l'on se trouvait tributaire pour l'éclairage notamment, d'une compagnie ou d'une société dont le concours peut faire défaut à un moment donné.

Le déplacement et la reconstruction de la chapelle, la démolition de l'escalier, la construction à élever sur cet emplacement, les fouilles pour l'installation de réservoirs à air, de la machinerie, l'édification d'un minaret pour la répartition des fils des réseaux téléphoniques interurbains, la construction sur l'emplacement de la chapelle anglicane d'une annexe destinée au service des colis postaux, la construction d'égoûts pour l'installation des tubes pneumatiques et l'adduction des câbles souterrains télégraphiques et téléphoniques s'élèvent à la somme de 786,400 francs.

En ce qui concerne le service télégraphique, le département de Constantine a sollicité une création dont les administrations métropolitaine et algérienne ont depuis longtemps reconnu la légétimité.

Il s'agit de la pose d'un nouveau câble reliant le département de Constantine à Marseille.

Dans sa séance du 17 février 1906, la chambre de commerce de Philippeville estimant que la ligne anglaise de l'Eastern-Telegraph entre Bône et Marseille est une ligne privée, maîtresse absolue de ses tarifs et de son exploitation, repoussait la proposition qui tendait à emprunter ce câble pour la transmission des dépêches du département de Constantine à Marseille et vice versa.

La chambre de commerce de Philippeville repoussait aussi le projet consistant à utiliser les communications de la Tunisie.

En effet la Tunisie entend garder son entière liberté et ne transmettrait nos télégrammes qu'après avoir épuisé les siens.

De là une dépendance qui nous mettrait en état d'infériorité à l'égard de la Tunisie.

Quant aux communications actuelles par Alger on sait et l'administration le déclare aussi, qu'elles peuvent être retardées et même arrêtées pendant plusieurs jours lorsque comme l'hiver dernier des tempêtes continues coupent la ligne d'Alger à Constantine.

En conséquence, les chambres de commerce de Philippeville et de Constantine ainsi que les conseils municipaux de plusieurs villes d'accord avec l'administration, ont proposé l'établissement d'un câble unissant le département de Constantine à la France avec atterrissement à Philippeville.

Ce dernier port est appelé, en effet, à devenir une station navale de premier ordre et constitue le point central le plus rapproché de Constantine, où sont concentrés tous les services civils et militaires de la province.

Il convient d'ajouter que Philippeville possède un hôtel des postes où l'on pourra prendre telles dispositions que l'on voudra sans avoir à craindre soit un déménagement, soit des conditions plus onéreuses imposées par des propriétaires. La nouvelle ligne alimentée par tous les bureaux du département sera très lucrative puisque au cours de l'année précédente ces bureaux ont transmis ou reçu plus de 300,000 dépêches.

Enfin, à la dernière session d'octobre, une motion au sujet de l'installation de cette ligne fut votée à l'unanimité par le conseil général de Constantine. La dépense afférente à l'immersion de ce câble est évaluée à 1,700,000 francs dont la moitié sera supportée par la métropole, l'autre moitié s'élevant à 850,000 francs par l'Algérie.

Le développement inattendu du service téléphonique a inspiré aux assemblées algériennes l'idée d'exécuter pour l'exploitation de ce service un travail d'ensemble plus rationnel et partant plus productif.

En effet, les réseaux faits par les fractions au hasard des versements de fonds par les collectivités, chambres de commerce, communes, départements, ne présentent aucune homogénéité et ne donnent pas satisfaction à tous les besoins.

Dans ce travail d'ensemble, l'administration propose de faire entrer la création d'un circuit téléphonique entre Tunis et Constantine, ce qui sera extrêmement avantageux au département de Constantine et plus particulièrement aux localités avoisinant la frontière.

L'office postal tunisien vient d'adhérer à cette proposition et comprendra dans le budget de 1908 les crédits nécessaires à la construction de la ligne jusqu'à Ghardimaou.

L'Algérie à son tour devra voter la dépense nécessaire à l'établissement de la ligne sur la section algérienne, Ghardimaou-Constantine, soit la somme de 163,600 francs.

En résumé, votre commission vous propose d'accord avec l'administration, de voter les crédits suivants :

Hôtels des postes d'Oran	120.000 fr.
— Alger.	786.400 »
Pour le câble Marseille-Philippeville	850.000 »
Pour le circuit téléphonique . . .	163.000 »
Total.	1.920.000 fr.

Le Rapporteur,

Pinelli.

www.ingramcontent.com/pod-product-compliance
Ingram Content Group UK Ltd.
Pitfield, Milton Keynes, MK11 3LW, UK
UKHW020317230726
13925UKWH00002B/461

9 782013 416283